高效能5分钟
"父母训练"

毛燕菁／著

上海三联书店

推荐者序

父母效能训练(P. E. T.)对于中国父母来说既是福音,也是家庭构建和谐关系的一把金钥匙。

初识毛燕菁老师是在 2009 年的催眠课上,第一次见到她,感受到的是喜欢读书的女生特有的安静气质,整个课程的认真投入也给我留下了努力勤奋的美好印象。

2010 年父母效能训练课程项目启动,又见燕菁。她和同学们一起探讨争论,发表质疑。除了认真努力之外,也逐渐发现她的生动有趣、活泼可爱的一面。当时她正就读华东师范大学心理健康教育硕士,并把课题研究、毕业作业的方向定为"父母效能训练"相关研究。

"父母效能训练"(Parent Effectiveness Training,简称 P. E. T.),源于 1962 年美国心理学家汤玛士·戈登博士首创的一套父母沟通训练系统。1962 年,戈登博士开发了"父母效能训练"(P. E. T.)课程,让人们通过基本技巧的运用,清楚的界定问题、积极的聆听、明确的表达,使父母、教师与孩子彼此更好地相互了解，达成共识。本项目尚在起步阶段，仅限于心理培训机构，尚无教育系统内的研究及推广。

毛燕菁老师在学习之后就开始在学校社区研究并推广 P. E. T. 项目，作为一名小学的心理教育工作者，这是大胆又前瞻的。

在一次聚会上，我问起她做这件事的发心，她浅浅一笑："刚开始的时候是想让自己的育儿方式更加科学有效，深入学习以后我发现这是一门惠己及人可以传播的学问，所以我不断学习不断传播，想让更多的家庭受益……"于是整个人开始变得生动起来，有光亮也有力量。

自此以后毛老师不断研究开发，把父母效能训练本土化。2015 年元月包括她在内共六位学员被授予首批 CPET（中国父母效能训练导师）的称号。同年也喜闻区育童家庭心理健康教育分中心成立，她邀请导师班同学们为全区的家庭上公益课，同时她也邀请我这个师傅为她的研究团队和各层面学员多次作指导。近两年来，全区"父母效能训练"家长小班化精品高端培训蓬勃开展，充满生机。让父母学会如何让与孩子近距离心灵的沟通、处理自己与孩子的情绪、如何快速减除压力、学会接纳对方、学习提升自信的技巧，学做智慧父母，改善增进亲子关系、懂得感恩、付出、爱和承诺，营造和谐快乐幸福的家庭。

年前毛燕菁老师恭敬递上本书的书稿，请我指正并作序，内心深感欣喜欣慰。感慨这些年毛毛的成长，已经不是一个简单的台上对台下的知识技能传播者，而是在深刻了解父母效能训练心理理论和技术的基础上，基于后现代心理学思想背景下结合本土化进行的实践。她另外在几年间陆续赠送我的几本相关研究课程教材教案等已经完全能够反映事件情境中真实脚踏实地的成果。特别是其中关于亲子对话的相关课程，听说有 95 位师生家长参与编导拍摄和演出，让我非常感动。这是需要一点精神和韧性的，也是我们 CPET（中国父母效能训练）导师们需要的力量和追求。

本书是能够给予广大教师、家长和准爸妈们以及心理爱好者打开新视野的书籍，有八个章节的缓缓道来，也在很大程度上提升了读者的能量和效能感。在面对自身的成长困惑、亲子矛盾和关系困难的时候不再感到绝望和无助，而是有"打开一扇窗"的感受。同时，能够激励一部分人走上探索自我身心令成长之路，这是一份奇妙而又美好的心灵旅程。

毛燕菁老师的这本书每个章节有 6 个"5 分钟"内容组成，简单易懂、短小精悍，生动易学，不拘于理论，又融理论于实践中，体现了对于每一个生命的尊重，对心理学的热爱，一名母亲的体验以及一名小学教育工作者的"师爱"。

能够为书写序，我感到荣幸与幸福，我真切祝福更多的 PET、CPET 导师和千万家庭一起，为提升生命品质、生活质量而共同努力，期待这本书能给更多家庭带来"春风"，激发活力，共享生命的和和谐丰盛。

成荣信

PET 国际金牌导师　CPET 首席督导

2017 年 1 月

自 序

构思两年多，最终以这样的形式呈现给大家，得源于我的孩子。

我是一名从事小学教育的教师，平时非常有学生缘，因为一开始就是做大队辅导员，所以走在校园里乃至校外都经常听到"毛毛"、"毛毛老师"……下课学生们会围着我说说他们的"家长里短"，诸如"我爸如何如何"、"我妈怎样怎样"。我的口袋里经常会有他们从家里带来的糖果贴纸或者亲手折的纸飞机……二十多年前教的学生走在路上还会惊喜地呼唤我，那个当下人生成功、桃李满园的感受爆棚。

我还是一名千金的妈妈，想当然地用管理班级学生和培养班干部的方式养育我的女儿。按照《小学生守则》，不允许她过分，不同意她出格，更不可以有负能量的想法。撒谎要挨骂、做错要挨打，工作压力大的时候小小的她身边经常陪伴的是一个焦虑纠结的妈妈。和我的学生们开心地围绕我和我说悄悄话截然相反的是，女儿面对我的时候经常流露出胆怯压抑的眼神,使我不仅有深深地挫败感,还有一份隐隐揪心的疼痛。

2010 年我结缘了"父母效能训练",也开始接触大量的家庭。同样作为妈妈的我非常羡慕别家孩子和妈妈之间亲密无间的依恋和沟通。在学习的过程中我渐渐恍然孩子在家里是不能够用管理学生的方式教养,而只能够以一个母亲的角色陪伴她,无条件地接纳她。在家里,孩子会有更多的脆弱无助和失误错误,父母只有接纳了,她才能有信心和力量去做好他社会化成长的角色。当时,我也看到其他孩子的叛逆和倔强,我不由庆幸自己有一个多么乖巧和听话顺从的女儿,承受了我这么多的"不可以"。

然而"欠债总要还的",女儿开始进入青春期了,从某一天开始她突然仿佛变成了另外一个人,脾气火暴一点就着,丝毫不考虑他人的感受,且情绪不稳定遇到挫折经常痛苦。一开始我软硬兼施没有效果,在耐性和体力被消磨完之后,唯一能使她平静就是我真正安静下来搂住她,倾听她的哭声和痛苦,然后告诉她:"妈妈永远爱你……"

确实那段日子我们都很苦脑,不知道什么时候那个可爱乖巧的孩子能够"回家"。而我时常反思的时候也看到了那个追求完美和苛刻地对待自己的"我"。我问自己的心:"我这是要做什么?"得到的回答是温柔的:"你不就是想要过轻松愉快的美好人生吗?想要你的孩子能够自己照顾好自己,以后长大了也能够过她的幸福人生?"而我过去所做的,不正是和我的心背道而驰吗?女儿的表现是小时候的创伤、能量的枯竭、青春期的变化、成长的需求……我透过这些看到了一个有力量追求自我的女儿,这个不正是我生命的传承吗?

"奇迹"就是在我坚持不懈地实践运用传播"父母效能训练"技术,努力改变自己之后发生的。我不仅对待我的孩子不断调整自己的旧有模式,而且对身边的更多家庭分享我的心得和经验。遇到冲突不再是纯理性的批评指责教育,而是接纳自己和孩子的情绪,用"我讯息"表达,等双方平静了在沟通讨论;谁的问题以谁为主解决……一次次努力,一遍遍调整,渐渐地我发现自己的思维模式和说话的习惯开始有了变化,自己不仅面对各种问题能够轻松平静了,也能够尊重她的想法和选择,在她不需要我帮助的时候绝不插手哪怕再有成功的经验也努力闭上自己的嘴巴。

我惊喜地发现我的女儿有了变化:她开始先照顾好自己再考虑他人,不像以前为讨好他人而忘我苦闷;她在冲突的时候能够调整情绪,勇于表达自己的想法和需求,不似之前憋到忍受不住突然爆发长时间痛哭;她会保持觉察计划生活,开始有了自己的目标追求,不是以往的一味依赖顺从纠结无奈……我感恩,我欣喜。

能有今天的时刻首先感谢恩师成荣信老师带领我走进"父母效能训练"之门,让我成为亲子导师,让我的事业和生活打开了新的视野,获得了一份实在的幸福。

今天有动力写书,特别要感谢师傅徐崇文老师和中小学心理辅导协会的袁胜芳老师,在他们的肯定和鼓励之下我才有动力把所学所得所感整理书写,期待与更多父母共勉。

　　然后感谢我的家人和朋友,特别是我的孩子,他们陪伴和支持我一次次蜕变,给予我无条件的爱;而我的亲如兄弟姐妹的朋友们则一次次地倾听陪伴,共同成长给予我前行的动力。

　　当然最感谢的人是自己,当自己下定决心愿意改变的时候,幸福便悄悄降临。

　　最后想和家长们说的是:孩子是一份礼物,让我们不断修炼和成长自己;对于过去,我们已经能够做到了最好,所以活在当下,一切是最好的安排;未来只要我们愿意,会越来越好。让我们共同为了爱加油吧!

　　你在,我也在。

毛燕菁

2016 年 12 月

目　录

绪　言

现代儿童教育理论认为，教育的最终目的是促进儿童的健全发展，即促进儿童身体的、认知的、情感的、社会技能的和谐发展。英国著名的"曼彻斯特调查报告"指出："教育成功的重要因素在于家庭环境，家庭因素的重要性几乎两倍于社区与学校两项因素之和。"发掘人的潜能、重建人的价值、促进人的发展是现代教育的核心问题。我们深刻地意识到"教育必须以儿童发展为本"，孩子在学龄阶段培养的良好个性主要有：对劳动的需要，求知的兴趣、正确的价值观、乐观向上、喜欢思考、文明礼貌、友好合作、勇敢诚实、遵守规则、有条理、讲卫生、动作协调、认真仔细和独立创新等良好性格。而良好个性的培养，需要满足孩子的精神需要，并在大空间里通过长时间的带着积极情绪在活动的体验中逐渐形成。

美国著名心理学家托马斯·戈登（Thomas Gordon）博士于 1962 年创立了"父母效能训练"（Parent Effectiveness Training，简称 P. E. T.）的父母教育类项目，这是一套父母沟通训练系统,其模式建立于一种信念基础之上,即"强制力会破坏良好的人际关系"。这一方法起初用于改善父母与孩子间的关系,针对"问题家庭"的父母。后发现这套方法对改善普通家庭关系也非常适用,并能很有效地预防青少年问题、夫妻离异、家庭不和,于是逐渐发展为一种改善所有人际关系的通用模式。该课程通过基本技巧的运用,清楚的界定问题、积极的聆听、明确的表达,旨在向父母传授与孩子有效沟通的技巧,并循序渐进地提出建议,以解决家庭冲突,让每个人在冲突中都赢,使父母与孩子彼此更好地相互了解,达成共识。这些办法如今广泛应用于世界各地,已成为一个全球性的顶尖培训品牌。

"父母效能训练"于 2004 年开始进入中国,目前在国内已有指定的授权培训机构。这一侧重于改善人际关系、造福人类的父母训练运动已逐渐被中国家长接受,参加训练的父母逐年递增,他们将所学到的方法和技巧应用于亲子教育与日常生活后效果显著,生活和事业明显改善。但本项目仅限于仅限于心理培训机构,内容也尚在起步阶段,以操作和实际案例为主,但尚无系统的各学段的课程及推广。

我们现今的家长群的构成有动迁居民、当地农民、外来打工人员,又有高阶层白领、企事业普通员工等,家长的学历层次高低都有。首先,城市和农村留守儿童现象逐渐突出:教养的责任被父母委以他人,亲情的缺失让他们感到空虚,对父母的情感需求是他们最大的愿望;其次,传统的双亲教养模式发生了变化:隔代教养情况严重,特殊的成长环境对他们的学习、生活和心理健康造成了不利影响;其三,家庭教育的观念存在偏差:"重智轻德"的教育价值观在家庭教育中表现突出,忽略了从精神上关心教育孩子。另外,家长教育理念和教养方式,重大生活事件(学段过度、父母离异、家庭格局变化等)这些都会对孩子发展产生积极或者消极的影响。

2010 年我们将"父母效能训练"项目正式引入学校,学校联合教师家长共同研究探索如何为家庭送去与孩子共同面生活矛盾、解决人生成长的困惑、尽力做好爸妈的"营养食谱"。这个项目符合教育需求,能够改变家长的效能,更新家庭教育的理念,改善家庭教育的策略及方式方法,提升家庭教育的品质及效果。让儿童在与成人的交往活动中,一些不良的心理品质能得到优化与改善,在温馨健康和谐的家庭氛围中,拥有一个健康的身体,身心得到全面发展。

本书就是将近 7 年的研究培训探索,共同努力的成果。不仅遵循"父母效能训练"的理论技术路径,还努力以"本土化"研究为核心,加入和借鉴拓展了普通心理学、儿童发展心理学、社会心理学、NLP 教练技术、焦点短期心理治疗技术、游戏治疗等心理学专业技术。在原先的"父母效能训练"研究基础上更加灵活和落地,因此取名为"高效能 5 分钟'父母训练'"。本书建议面向 6—12 岁的家长人群,共由 8 个章节构成,每个章节有三个小节,每个小节由 6 个"5 分钟"组成,分块独立,涵盖理论实践和父母个体训练、与孩子各方面共同成长,深入浅出又简单有效。尝试用精细化指导并兼顾家长层次,用探索菜单式的指导方式,促进亲子间的相互了解和加深亲子间的感情,促进孩子在自信心、抗挫力、沟通技能和学习兴趣等诸方面协调发展,同时帮助家长提升教育观念和育儿的方法、技能,使孩子能健康、和谐地成长,家庭幸福美满。

本书的读者群较广,可以面向父母、祖辈、心理教师、班主任、准父母以及心理学和家庭教育专业人士和爱好者。也期待这是一个"抛砖引玉"的成果,我们将努力扩大学段,在0—6岁和12—15岁的领域继续探索,期待尽快有研究成果和大家见面,这样可以面向各年龄阶段的家长,也可以吸引更多的学校、家庭乃至社区一起开发更多的话题,使家庭教育、心理健康教育、学校教育能够共同为家庭的幸福、孩子的成长齐心协力,共谋蓝图。

在孩子的身上,我们的心灵是相通的,那就是——爱。

第一章　我的秘密

第一节　我的类型

5分钟心灵故事

我当过一阵子音乐老师,在那个时期,小朋友们在下课、走廊里甚至洗手间见到我有时都会哼哼几句歌词,问:"毛毛,下节课你教我们唱什么歌啊?"期待是我快乐的源泉。后来因为工作原因要离开那个岗位了,我安排了小小的"最后一课",特意去购买了好看好吃的糖果,想作为和这些小精灵们分别时的礼物。

分离的时刻,我尽量让自己的语气平静些:"毛毛要离开我的宝贝们了!"他们瞪大了眼睛,有的问:"毛毛去哪里啊,还回来吗?"有离得近的拽住了我的衣角,还有的干脆离开座位走到我的身边……

　　"我准备了好吃的糖果，我希望大家要像喜欢糖果一样喜欢毛毛，不要忘了我哟!"我开始把一颗颗的糖递到孩子们手里。等到发完了，我发现有一些已经迫不及待地送进了肚子，正咂吧着嘴开心地看着我:"毛毛要留个电话给我!"，而有的小心翼翼地问:"我可以吃了么?"我点了点头，那些小乖乖才放心地开吃。而有几个则手中的糖一转眼不见了。我问:"宝贝，糖哪里去了?"有一个松开手心，那个美好的礼物正静静地躺在手心里仿佛冲着我微笑，同时他慢吞吞地说:"这是毛毛给我的，我舍不得吃";有的从口袋里掏出来，也不说话，脸上的表情凝重而深沉;有的悄悄跑到我的耳边告诉我:"毛毛，告诉你一个秘密，我奶奶那里供着一个神，我想把这颗糖放在那里，等我想毛毛了你就会回来的……"我再也忍不住了，不过竟然是一边笑一边流着眼泪的。我和宝贝们说:"谢谢大家，现在，请你们闭上眼睛，毛毛要在心里给大家一个温暖的拥抱"。

５分钟"效能训练"

　　我们把人的类型分成视觉、听觉和感觉(体觉)型。

　　视觉型:有 60％左右的男性、30％左右的女性是视觉型。很容易被鲜艳的颜色所吸引，喜欢好看的人、事、物，说话的时候喜欢做手势，有的还伴有较为夸张的表情和动作，会用颜色、形状来描绘所见所感，同时也容易分心。低年级的孩子也是容易"开小差"注意力分散的类型，因为对于他们来说,世界上的东西都太美好了,应接不暇。和这样的孩子在一起沟通的方式是要丰富多彩,有足够的资源,如图片、表情、手势、绘声绘色地描绘等,才能较为长久地吸引他们的注意力。

听觉型:有 25％左右的男性、55％左右的女性是听觉型。很容易被好听的声音所吸引,喜欢听人说话,也喜欢表述,说话和聆听的时候会很专注,稳定、缓慢,优雅,会用响声词等描绘所见所感。小学阶段听觉型的孩子一般会非常认真听讲,成绩都较好,和周围人都有较好的关系。和这样的孩子交流要足够专注、耐心倾听,保持话语的敏感度,能够听到他们话语背后的情绪,才能够较好地支持他们。

感觉型:有 15％左右的男性和女性是感觉型。忠诚于自己的感受,身心合一,反应缓慢,和人建立关系较慢但是长久,会用感觉的词来描述所听所感。小学阶段的孩子上课不太愿意举手发言,实际上大多是来不及反应,会非常在乎和老师、同伴的关系,非常在乎父母的感受。和这样的孩子交流需要肢体上的触碰、耐心、放慢语速,在乎他们的感受,关注他们的心,这样的沟通才能达到畅通的效果。

混合型:其中有 30％左右的男性和女性是混合两种以上的类型,他们可以和各种人沟通都游刃有余,他们也善于在各种类型的频道上转换,和他们沟通会觉得非常顺畅舒服,没有特别要注意的,你的举动都能够被他们接受。随着孩子的长大,他们的类型会逐渐向混合型转变,父母要在平时互动中进行有意识地训练,打通孩子的"各通道"。

5分钟亲子范例

你有没有为孩子不听你的话而烦恼？比如说让他们洗澡这件事。

妈妈：宝贝到洗澡时间了，快来洗澡。

孩子：……

妈妈：怎么还不来？不洗澡多么不卫生啊，我们要做一个爱清洁的好孩子。

孩子：……

妈妈：你耳朵听到没有啊？下次我取消你玩的时间，看你还听不听话！

孩子：……

他们会因为嫌麻烦而不爱搭理你，你是选择暴跳如雷、威胁利诱还是选择根据他们不同的类型"对症下药"？不仅他们能开开心心地享受洗澡的过程，而你也因此非常有成就感，获得"有能力"的感觉。

（1）视觉型

妈妈：宝贝，看，妈妈把洗澡水放好了，准备好了你喜欢的浴袍，还有香喷喷的沐浴露，如果你喜欢，可以让那几个小塑料小鸭子陪你一起洗澡，等一会儿香喷喷的小宝贝就"出炉"了……

（2）听觉型

妈妈:宝贝快来,听,妈妈在给你放热水,哗啦哗啦,你又可以一边洗澡一边唱歌了,妈妈最喜欢听你唱歌了,一会儿你全身都会洗得干干净净的,香喷喷的,妈妈看见了,心里很开心呢……

（3）感觉型

妈妈:宝贝快来(搂着孩子的肩,亲他一下),妈妈给你放好了热热的洗澡水,准备好了香喷喷的沐浴露,还有太阳公公晒过的暖洋洋的浴袍,你也可以让那几个你喜欢的小鸭子好朋友陪你游泳,怎么样,开心吧？等你出来了,妈妈给你一个大大的拥抱……

（4）综合型

妈妈:我最爱的宝贝在哪里？（搂着孩子的肩,亲他一下）,妈妈给你放好了热热的洗澡水,哗啦哗啦,准备好了香喷喷的沐浴露,还有太阳公公晒过的暖洋洋的浴袍,你也可以让那几个你喜欢的小鸭子好朋友陪你游泳,而且你又可以一边洗澡一边唱歌了,妈妈最喜欢听你唱歌了,怎么样,开心吧？等你出来了,全身都会洗得干干净净的,香喷喷的,妈妈看见了,心里很开心呢,我会给你一个大大的拥抱……

5分钟亲子对话

(1) 描述所见

我们在生活中所看到的都是用自己的主观世界去看客观世界，戴有色眼镜会让我们错过很多美好。怎样能够客观具体地看到，或者在听我们描述的对方也能够大部分仿佛看到一幅真实的画面，那就是用一些近乎准确的字词还原它本来的面目。这样，我们的孩子就会从和我们的沟通中学到如何客观地表述他们看到的人事物，这仿佛是一面镜子，或者是一张照片，孩子就会从中学习到，进行自我选择。

例如：孩子在写字的过程中在做其他的事情。

可能：你怎么一边写字一边走神呢？这样考试能考好吗？

尝试：我看到你写字的时候歪着身体，有时候趴在书桌上，用了二十分钟的时间写一行字，经常站起来去洗手间或者找东西吃……

练习：孩子在吃饭的时候心神不宁。

可能：你能不能好好吃饭，真让人操心！

尝试：＿＿＿＿＿＿＿＿＿＿＿＿＿＿＿＿＿＿＿＿＿＿

＿＿＿＿＿＿＿＿＿＿＿＿＿＿＿＿＿＿＿＿＿＿＿＿＿

(2) 认真倾听

我们在听的时候经常可能会选择自己喜欢听的部分，而本能地忽略不喜欢听的或者可能会让自己不舒服的语段，当听到一些令自己不愉快的部分时也会打岔或者赶紧想办法解决，于是让那个说话的人永远没有机会表达内心，而问题一再重现没有时机疗愈，从而在生活中一再出现，成为困扰和矛盾，最终影响关系。当你面对孩子时，仿佛世界上只有他一个人的存在，那他也会学会如何全身心地留在当下，顺利建立亲密关系。

例如：孩子和你说他在学校里遇到一些事，他不想去学校了。

可能：你怎么这么脆弱，动不动就逃学？

尝试：你刚才说，你在学校里遇到了一些事情，影响了你，因此你不想去学校了！

练习：孩子告诉你他不喜欢老师。

可能：你不喜欢老师会影响你的成绩，也会被老师发现的，你就惨啦！

尝试：_____

_____

（3）用心感受

从小到大，我们都是听大人的话，心里有想法、有感受也经常是不被看到感觉到的，所谓"不能意气用事"、"要会控制情绪"，慢慢地，我们变得不会表达，言不由衷，会有莫名的愤怒，做事拖延、经常缺乏动力，"不走心"，我们会经常在外面的世界里不停地寻求肯定、寻找安慰，停留在抱怨的阶段不能成长。当我们和自己的感觉在一起，也能够看到感受到孩子的感受,尊重自己和他人的感受,那孩子渐渐会成长为一个身心合一的人,忠诚于自己的感觉,敏感于世界的丰富多彩,在心的层面和别人建立连接。

例如:孩子伤心地哭了。

可能:你还好意思哭,一丁点事有什么大不了的?

尝试:你是因为伤心难过,说不出来,所以哭了,是吗?

练习:孩子冲你发火。

可能:你发那么大的火干嘛,值得吗?

尝试:_____

_____

(4) 综合运用

现在,我们可以尝试用真实看到的描述、耐心倾听的话语、用心体会的感受和孩子交流了,随着自己的技术不断熟练,我们会惊喜地发现孩子开始有了一些变化,我们和他的沟通也越来越"贴心"啦!

例如:早上起床铃响了,孩子不愿意起床。

可能:快起来,懒鬼,早起的鸟儿有食吃!

尝试:闹钟已经响过好几下了,上学的时间也快到了,你在床上一动不动,昨天你告诉我在学校里有些同学笑话你成绩考得不好,因此你不开心了,甚至昨天晚上我感觉到你睡得也不踏实,所以早上起来你一想起这些事就特别地烦,不想面对,也不知道怎么办,因此妈妈叫你起床,你特别烦躁,是吗我的宝贝?

练习:孩子昨天和奶奶说话态度有点不耐烦。

可能:你昨天和奶奶说话特别没礼貌,还大声嚷嚷,你怎么这么不懂事啊!

尝试:＿＿＿＿＿＿＿＿＿＿＿＿＿＿＿＿＿

＿＿＿＿＿＿＿＿＿＿＿＿＿＿＿＿＿＿＿

5 分钟亲子互动

(1) 仔细观察,你的孩子是什么类型?

视觉型:＿＿＿＿(打"√"),明显表现＿＿＿＿＿

听觉型:＿＿＿＿(打"√"),明显表现＿＿＿＿＿

感觉型:＿＿＿＿(打"√"),明显表现＿＿＿＿＿

综合型:＿＿＿＿(打"√"),明显表现＿＿＿＿＿

(2) 想一个平时和孩子沟通不畅的情景,比如:让他吃饭,他还在玩……

过去你是怎样和他交流的:

＿＿＿＿＿＿＿＿＿＿＿＿＿＿＿＿＿＿＿

＿＿＿＿＿＿＿＿＿＿＿＿＿＿＿＿＿＿＿

现在,请你用符合他们类型的方式尝试你的邀请:

＿＿＿＿＿＿＿＿＿＿＿＿＿＿＿＿＿＿＿

＿＿＿＿＿＿＿＿＿＿＿＿＿＿＿＿＿＿＿

(3) 请你在真实的情境中进行实践

你和他的互动,他的回复是什么:

＿＿＿＿＿＿＿＿＿＿＿＿＿＿＿＿＿＿＿

如果成功了,祝贺你!

如果效果不好,你觉得是什么原因?

语气_____(打"√"),情绪_____(打"√"),

语言_____(打"√"),表情_____(打"√"),

声音_____(打"√"),其他_____(打"√")

5分钟亲子活动

(1) 陪伴孩子睡前"深呼吸法"

找一个宁静、无人打扰的地方,用一个舒适的姿势坐下(陪伴孩子躺下),闭上眼睛,按以下的方式做深呼吸。用这个方法,在数分钟之内便能使自己的情绪平静下来。

① 呼吸必须均匀,没有高低快慢,而是缓慢绵长的一致,特别是呼气时,注意保持恒一的速度。

② 呼气的时间应比吸气的长,并且尝试每次呼气都比上一次再长一点时间。

③ 呼气时把意识放在双肩上,你会觉得当你在呼气时此处的肌肉便会放松,而且每呼一次气会更放松一点。

④ 对自己的内心说:"谢谢你我的心,请你以后与我有更多的沟通。"

(2) 说说我的画

活动开始以后,父母对孩子说闭眼,孩子需要马上闭眼,然后孩子说出闭眼前看到的事物,以及细节。当孩子说了全部能说的,可以让他睁开眼睛5秒钟再闭眼,再增添细节,如此重复三次。然后换一个地方,换一个环境,轮到孩子叫父母闭眼,这时父母也做同样的事。两者中,谁闭眼后说出的眼前事物的细节多,谁说出眼前的事物多,谁就赢。

第二节　我的能力源

5分钟心灵故事

小明同学捡到了一百元钱,他记得爸爸在他小时候曾经给他唱过一首歌:"我在马路边捡到一分钱,把它交给警察叔叔手里边……"于是他兴冲冲地交给了爸爸。爸爸看了看钱,皱了一下眉头,正色地问:"孩子,这是哪里捡的? 还不赶紧还回去,丢了钱的失主该有多着急啊! ……"小明觉得爸爸说得很对,于是他转身往外走,只是越走越觉得脚步慢而沉重,伴随着逐渐慢下来的脚步,原先喜悦期待的心情荡然无存,"我这是怎么了?"

走着走着他几乎撞到一个人的身上,抬头一看,是妈妈。"小明宝贝,你这是到哪里去啊?""我捡了一百块钱,爸爸让我去找失主。""啊? 宝贝啊,你捡到一百元钱啦,妈妈真为你高兴。"小明觉得听了妈妈的话心脏"扑通扑通"跳得好快啊! 妈妈摸着小明的头兴奋地说:"宝贝,你知道这是什么行为吗?

拾——金——不——昧!"妈妈看着小明,眼神里充满了亮晶晶的东西"你就是个拾金不昧的好孩子!"两个"拾金不昧",小明有点儿幸福地"懵"。妈妈搂住小明的肩膀,"走,拾金不昧的小明同学,现在妈妈陪你一起去找失主……"

晚餐时间,妈妈把小明的事情和爷爷奶奶也说了说,还在电话里和外公外婆也讲了讲,大家都夸小明是个"拾金不昧"的好孩子。当然,也少不了夸一夸爸爸"因为有这样的爸爸,才有这样的孩子……"严肃认真的爸爸也充满赞许地对儿子竖起了大拇指。小明觉得心里热乎乎地,很甜蜜的感觉……

5分钟"效能训练"

美籍德国儿童精神分析医生埃里克森认为:人的自我意识发展持续一生。他把自我意识的形成和发展过程划分为八个阶段,这八个阶段的顺序是由遗传决定的,但是每一阶段能否顺利度过却是由环境决定的,所以这个理论可称为心理社会阶段理论。每一个阶段都是不可忽视的。

(1) 学龄期(6—12岁):勤奋对自卑的冲突

在这个阶段的孩子如果他们能顺利完成学习课程,他们就会获得勤奋感,这使他们在今后的独立生活和承担工作任务中充满信心。反之,就会产生自卑。当儿童的勤奋感大于自卑感时,他们就会获得有"能力"的品质。有时所谓的"失败"并不是真正意义上的失败,只是没有达到自己或者父母、教师、兄弟姐妹等确定的标准。

(2) 成年期(25—65岁):生育对自我专注的冲突

这个阶段的成人将生儿育女,关心后代的繁殖和养育。生育感有生和育两层含义,一个人即使没生孩子,只要能关心孩子、教育指导孩子也可以具有生育感。反之没有生育感的人,其人格贫乏和停滞,是一个自我关注的人,他们只考虑自己的需要和利益,不关心他人(包括儿童)的需要和利益。在这一时期,人们不仅要生育孩子,同时要承担社会工作,这是一个人对下一代的关心和创造力最旺盛的时期,人们将获得关心和创造力的品质。

(3)"理解层次"早期被称为 Neuro-Logical Levels,最初由格雷戈里·贝特森发展出来,后由罗伯特·迪尔茨(Robert Dilts)整理,在 1991 年推出。

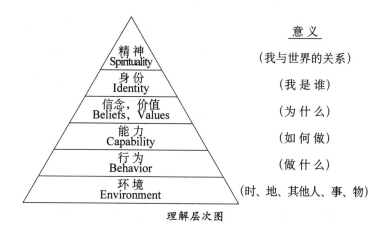

理解层次图

　　这是一套模式,它可以用来解释社会上出现的很多事情。理解层次在青少年辅导工作中非常有效,让我们明白孩子的困扰所在,因而更容易帮助他找出解决问题的方法,是很实用的一套概念。每一件与我们人生有关系的事,我们都会赋予其一些意义。人生里事情这么多,我们不断地处理它们,往往因为忙碌而变得被动和迷惘,不知道什么应该做,什么才是重要的;也分不清哪些事情是短暂不足道的,哪些是对人生有深远影响的。前面"拾金不昧的小明同学"的妈妈就好似运用了这个方法,从理解层次的上三层把"拾金不昧"作为一个信念和实际生活现象联系起来种在了小明同学的心里(信念价值),然后通过"一个拾金不昧的人"从而把身份进行确定(身份),并在家庭的系统中请所有的家人都来一直强化、突出意义(精神)。因此,事情的意义是可以被分类而因此理出其中的相互比较标准的。如果我们能够把大部分时间和精力放在有深远意义的事情上,累积出来的效果,自然把人生推至更理想的高度上。

　　当然,特别要说明的是,如果孩子犯了错误或者违反了规则,就不能用上三层的理解层次,会强化他的罪恶感和无力感,使辅导效果适得其反。这个时候要用下三层的进行淡化和转化,如何做(能力)、怎么做(行为)和在什么情况背景下做(环境),尽量落实到具体的行为和认知中去修正。

5 分钟亲子范例

　　你有没有为孩子撒谎这件事而烦恼?比如说家里的花瓶

被打碎了。

爸爸：这个花瓶是谁打碎的？一定是你打碎的。

孩子：我,我没有……

爸爸：还强嘴,不是你是谁啊,而且你从来都不承认!

孩子：就不是我,你有什么证据吗? 我说是小花猫打碎的。

爸爸：你还栽赃,你干脆说它自己碎的好了,看我怎么收拾你……

孩子：……

这样的对话几乎每天在上演,可能孩子连想说什么都快没有想法了。其实淡化孩子的行为后果,强化他们的正向行为和意义可能是打开他们心门的钥匙。而你也能够逐渐感觉到在孩子逐渐长大的过程中确实"事情明摆着就是那回事儿"和"什么事情都有好的积极的一面"是截然不同地。

（1）理解层次上三位

爸爸：我和你说,撒谎的行为叫欺骗,欺骗是一种不道德的行为。你撒了谎,就是一个善于欺骗别人的人,长大了就是个骗子,你知道诈骗犯吗? 是要关进监狱的,现在那么多的贪官坏蛋,终究要被人发现的……

孩子：……

没有人喜欢这样的教育,贴了这么大的标签,除了带来反感和头晕,虽然这多么有道理和语重心长,特别是亲子之间,特别容易伤害感情和关系。

（2）理解层次下三位到上三位的转换

爸爸：宝贝，爸爸看见花瓶被打碎了（事实），这是我最喜欢的花瓶，我心里很难受（表达自己的感受）。

孩子：爸爸，对不起，我也很难受（表达感受），把你的花瓶打碎了，你没有怪我吧（表示担心）？

爸爸：傻孩子，我是你的爸爸（拉着儿子的手，连接感觉），当然，心里有点生气的（真诚表达感受），不过，你是怎么会打碎的，能把这个过程给我讲一讲吗？（了解事情原委，做了什么）

孩子：……，现在我很后悔呢。

爸爸：哦，我的宝贝心里挺难受的吧！（同感）那你觉得现在应该怎么办才好呢？（探讨如何做）

孩子：……

爸爸：那以后遇到同样的情景，你会怎么做呢？（能力、背景）

孩子：……

爸爸：爸爸为你今天的表现感到高兴，这是一个诚实的品质，你就是一个诚实的好孩子。（信念价值、身份），爸爸相信，以后与都这样类似的事，你都会这么做的。（精神）

孩子：是的爸爸……

爸爸的话是充满力量的，我们再来感受一下孩子的心情，他的身心能量是不是一直在往上升？我们能够传递给孩子，最大最有效果能够支持他快乐生长的就是接纳和爱的力量。

5分钟亲子对话

（1）例如：孩子写字姿势不太端正，请用"理解层次"下三层和他进行沟通。

尝试：我看到你非常认真，不过歪着身子靠在书桌前，头离作业只有一寸近，想一想，写字姿势是怎么说的？如果你把头抬高，一尺、一拳、一寸都做好了，你的认真就更有效了。

练习：孩子看电视不想做作业。

尝试：＿＿＿＿＿＿＿＿＿＿＿＿＿＿＿＿

＿＿＿＿＿＿＿＿＿＿＿＿＿＿＿＿＿＿

（2）例如孩子帮你扫了地，请用"理解层次"上三层和他进行沟通。

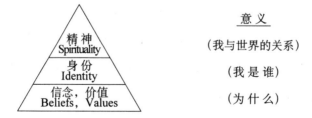

尝试：宝贝，你认真扫地的样子我非常喜欢，这个让我想起了清洁工阿姨，他们为我们城市的建设做出了贡献，被称为"环境美容师"，是个爱整洁爱劳动的"小小家庭美容师"。

练习:孩子帮你洗碗。

尝试:_____

_____

（3）例如孩子考试考得不好,请用"理解层次"下三层转换上三层和他进行沟通。

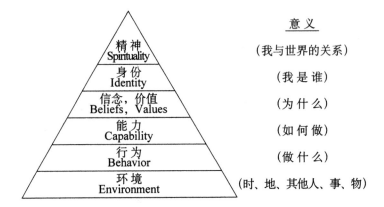

	意 义
精神 Spirituality	（我与世界的关系）
身份 Identity	（我 是 谁）
信念, 价值 Beliefs, Values	（为 什 么）
能力 Capability	（如 何 做）
行为 Behavior	（做 什 么）
环境 Environment	（时、地、其他人、事、物）

尝试:孩子,你已经尽力了我知道,可能是方法还没有找到合适的,你看在哪些方面还可以下点功夫,或者需要我来帮助你? 我看到你经常记录错题,也能够多做练习,这个是一个很好的勤奋的品质,如果你再加上细心和灵活的品质,那你就可能是一个非常有成就的孩子,爱因斯坦、华罗庚等在小的时候都是这样勤奋、细心和灵活的,刚开始的时候不明显,也经常失败,后来慢慢地就在自己的领域里取得了成绩,获得了成功,为我们人类造福。我相信你也是这样的孩子。

练习:孩子早上不愿意起床。

尝试:_____

_____

5 分钟亲子互动

请和您的孩子探讨以下的问题:

(1) 您的孩子目前认为自己最有能力的是哪些方面?

① _____ ,他/她是怎么举例和描述的_____

_____

您对这方面的能力怎么反应_____

② _____ ,他/她是怎么举例和描述的_____

_____

您对这方面的能力怎么反应_____

③ _____ ,他/她的举例和描述的_____

_____

您对这方面的能力怎么反应_____

(2) 您的孩子最喜欢您的性格表现?

① _____ ,他/她是怎么举例和描述的_____

_____

② _____ ,他/她是怎么举例和描述的_____

_____

(3) 您的孩子最不喜欢您的性格表现?

① _____ 他/她是怎么举例和描述的_____

② _____ ,他/她是怎么举例和描述的_____

(4) 请回忆一个最近发生的互动场景,孩子可能违反了规定或者犯了错误:

请简单描述当时的事件：

背景：_____

亲子对话：_____

_____

父母的感受：_____

孩子的感受：_____

沟通的效果：_____

如果效果不好，您觉得是什么原因？

语气_____（打"√"），情绪_____（打"√"），

语言_____（打"√"），表情_____（打"√"），

声音_____（打"√"），其他_____（打"√"）

5分钟亲子活动

（1）撒金粉法

当孩子自信不足的时候，觉得过去没有任何充分自信的经验可供借鉴，可以运用以下的"借力法"去"借"另一个人的力。借力的对象，可以是相熟的人，也可以是不认识的人，更可以是历史人物，只要能够想象出来那个人的模样，便可以向他借力。只要对方认为可以，都会有效。想象一个有此能力的人，想象他站在不远处，向他要求借取这份能力，并且向他保证，能力不会因为借出分享而减少。当他答应点头以后，想象他洒出代表着分能力的光粉，想象这阵光粉像雨点一样降落在自己身上，感受一下能力进入自己身体的感觉。然后引

导大力吸气以加强能力把它留在身体里。

（2）接受自己法

本活动在孩子遇到困难问题,不能充分成长的时候可以给予支持。让孩子坐下来深呼吸、放松,把注意力集中在心里,对心说"感谢你,请你出来和我见一见好吗?"呈现出景象和声音,如果孩子脑中只有身形,看不到面孔,可以继续做下去。对心里的小孩说:"我就是你多年后的样子。这么多年中经历了很多学习和成长,现在回来帮助你,给你支持,给你保护,让你更开心,更成功的走你未来的路。"问一问孩子的内心感受。"事实上,你已经做得很好,当时你拥有好奇心,有活力,想更开心,努力地活每一天,想帮助自己,想保护自己。你拥有获得成功和快乐的能力,更好成长的能力,无论怎样,你都在尽力的学习和成长,你不断在努力使自己成长的更好,使今天的我们能够掌握如此多得知识和能力,能够享受人生中这么多的一切。谢谢你"。继续邀请内心的小孩:"现在我学到了更多的知识和技能,能给你支持,我同时需要你,我张开臂膀,让我们融为一体,更好的走未来的路"然后拥抱内心的孩子。

第三节　我周围的世界

5 分钟心灵故事

我是一个刚出生的小婴儿,离开妈妈的温暖的子宫来到这陌生的环境我好害怕啊！我希望妈妈永远和我在一起。我喜欢被妈妈抱着的感觉,不喜欢分开。有时候会有别人抱我,我很紧张,我会用哭表示我的抗议。我饿了会找妈妈,难受了也会找妈妈,直到回到妈妈温暖的怀抱。

我渐渐长成了一个小学生,现在我得"工作"了,我的工作就是学习,学不好,爸爸妈妈就会不喜欢我,我考得不好,他们会批评我,会给我加作业,补练习,休息天我也要上各种补习班,继续学习再学习,爸爸妈妈上班很辛苦,可是他们有工资、有休息,还有优秀员工的荣誉,可我呢?嗨,这个还好,我最担心爸爸妈妈吵架了,他们不开心闹矛盾,有时候还会扯上我,他们要是分开了,那我该怎么办啊?我会怎么样?……简直不能想象……哎,还是好好学习吧!

我现快要成为一名中学生了,我开始不喜欢爸爸妈妈在耳边絮絮叨叨了,他们的观念大多数已经过时过气了,还一定要我听他们的,可是我已经长大了,渐渐有自己的想法了,我觉得小伙伴的话才符合我的心意,我每天都想着怎么和他们交流,游戏见闻异性……对了,隔壁那个女生真的非常可爱,成绩又好,要是每天能够见到她就好了……

5 分钟"效能训练"

接纳线分的区域

① 接纳线

中间的一条线是"接纳线"，接纳线上方是"可接纳区"，下方是"不可接纳区"，是否接纳，根据每个人的经验。

② 可接纳区

如果我对这项行为感到平静、喜悦、放松、不担忧、理解，表示我对孩子的行为接纳，他的行为是在接纳线的上方，在"可接纳区"内。

③ 不可接纳区

如果我对这项行为感到沮丧、害怕、难堪、生气，甚至无力，表示我对孩子的行为不接纳，他的行为是在接纳想的下方，在"不可接纳区"内。

每个人在看待别人的时候，都对该人有一个窗口，透过这个窗口，看到这个人不同时刻不同的行为。这些行为有可以分为两种：一种行为我们是可以接纳的，一种行为我们是不能接纳的。比如说你回家看到你的孩子在房间里看电视，你没有什么心情反应，你是接受你孩子看电视这个行为的。那么这时就是你通过你的窗口，看到你孩子看电视这个行为。或者说你心情很烦躁，回家看到你孩子没有在做作业，而是在看电视,这个时候你很生气,那么此时孩子这个行为你就是不接纳的。

接纳线会随着自我、环境和孩子或他人的上下移动而变化。自我若感觉不满足,生病了、感到担忧、疲倦、心情沉重、工作落后、抑郁、无成就感,接纳线会上移,可接纳区会降低。表示自己和孩子或者他人的关系存在着不被接纳的部分。同样满意的感觉会使中间的界限下降,扩大我的接纳区。如加薪了、刚被上司表扬、过了非常愉快的一天等,我就可以接纳孩子做的大多数事、说的大多数话,这些情况下我的接纳区非常大。每个人的价值观、原生家庭不一样,文化、学习、熏陶、教养、信仰等都将影响我们的看法,同样,每个人都是不一样的。同一件行为,在不同环境里,你的接纳程度不同。对孩子的接纳程度,也会随着孩子的年纪、性别与个性有所差异。

5 分钟亲子范例

你有没有为孩子的事情而烦恼的? 比如你下班回家,看到孩子愁眉苦脸,你就开始紧张起来了。

妈妈:哎呀宝贝,怎么了,生病了? 和朋友吵架了? 在学校被人欺负了?

孩子:……

一连串的问题,接二连三的丢向孩子,孩子稍微有点个性的,一会就被你惹毛了。孩子不愿意给你说,你这一个晚上都睡不着觉了,翻来覆去的折腾,把自己弄的筋疲力尽。第二天早上起床又要过去安慰孩子,结果看到孩子活蹦乱跳的上学去了。

接纳线会随着自我、环境和孩子或他人的上下移动而变化。所以,根据不同的情况,我们面对孩子的状态可以做出不同的应对。

（1）自我的状态

妈妈:(在离家一整天之后,回到家感觉很放松,而且很高兴。)我的宝贝,看上去你有了不开心的事情,妈妈愿意陪你,你想和我聊聊吗?

妈妈:(很热、很累、与塞车奋战之后。)宝贝,看上去你有了不开心的事情,现在妈妈有点累,如果你想和我聊聊,我休息一会儿,你也冷静一下,咱们晚上约个时间好吗?

（2）环境的不同

妈妈:(在孩子的房间)我的宝贝,看上去你有了不开心的事情,妈妈愿意陪你,你想和我聊聊吗?

妈妈:(在晚餐的餐桌上,大家都在吃饭)我的宝贝,看上去你有了不开心的事情,不过吃饭的时候不开心会影响食欲,那我们先把饭吃完,吃完了饭有精神了有力气了,我们听你聊好吗?

（3）孩子的不同

妈妈:(6岁的孩子)我的宝贝(把孩子抱在怀里),看上去你有了不开心的事情,妈妈愿意陪你,你想和我聊聊吗?

妈妈:(12 岁的孩子)我的宝贝,今天有什么事发生吗?如果你想聊聊,我非常愿听,无论你做了什么或者遇到了什么事,妈妈都是理解和支持你的,当你需要我的时候叫我哟!

对于逐渐成长的孩子,父母要逐渐把选择权和事情的处理能力还给孩子,在他们需要的时候给予帮助和陪伴。

5 分钟亲子对话

(1) 自我的影响

例如:在学钢琴的孩子要求你听一听她弹奏的乐曲。

尝试:(状态好)我的宝贝,我很愿意听,你想演奏什么曲子呢,我非常期待!

(状态不佳)非常愿意宝贝,只是现在我有点累,我想去洗个澡休息一下,咱们晚上约个时间好吗?

练习:孩子想要你在睡觉前讲个故事给他听。

尝试:(状态好)＿＿＿＿＿＿＿＿＿＿＿＿＿＿＿＿＿

(状态不佳)＿＿＿＿＿＿＿＿＿＿＿＿＿＿＿＿＿

(2) 环境的影响

例如:孩子想要给你表演一下她刚学的舞蹈。

尝试:(在客厅里)我的宝贝,太棒了,我已经迫不及待了,现在咱们就开始吧!

（在厨房里做饭）宝贝,我非常愿意看你的舞姿,同时现在是我要给全家人做饭的时间,要不你来帮我先摘一下菜,等咱们吃饱了,我们邀请全家都来欣赏你的舞蹈,你看好吗?

练习:孩子要你给他背诵一下英语课文。

尝试:(在书房里)_____

（有客人在)_____

（3）孩子的影响

例如:孩子常将房间弄得一团糟,并留给你清理。

尝试:(6岁)宝贝你看,房间被弄乱了,妈妈和你一起整理好吗?

（12岁)宝贝,在美好的环境里学习生活你感觉怎样?来,用你喜欢的方法把它弄干净好吗?

练习:孩子早上起晚了,想让你叫车送她去学校。

尝试:(6岁)_____

（12岁)_____

5分钟亲子互动

（1）填表:在可接纳区或不可接纳区内填上"√"。在以下所列举的环境里,孩子的行为是否可接纳,则完全凭你个人的感觉。

① 自我影响

行 为	你的情况	你对行为的态度打"√"
孩子想和你一起玩。	在离家一整天之后,回到家感觉很放松,而且很高兴。	可接纳 □ 不可接纳 □
	很热、很累、与塞车奋战之后。	可接纳 □ 不可接纳 □
孩子不断地叫你给他拿杯水。	正在剧烈头痛中。	可接纳 □ 不可接纳 □
	心情愉快地享受阳光。	可接纳 □ 不可接纳 □
孩子要求你带他去看电影。	轻松地;享受此刻的工作状态。	可接纳 □ 不可接纳 □
	很累、有压力,为一大堆事等着你做而烦恼。	可接纳 □ 不可接纳 □
孩子想要邀请同学来家中吃晚餐。	有朋友来家吃晚餐。	可接纳 □ 不可接纳 □
	很满足,对于即将来临的周末,感觉良好。	可接纳 □ 不可接纳 □

② 环境影响

行 为	环 境	你对该行为的态度打"√"
孩子练习小提琴	放学后在他自己的房里练习	可接纳 □ 不可接纳 □
	七点新闻报道时,在电视机旁	可接纳 □ 不可接纳 □
孩子吃奶油花生及果冻。	在厨房的餐桌上吃	可接纳 □ 不可接纳 □
	在卧室的床上吃	可接纳 □ 不可接纳 □

（续表）

行　为	环　境	你对该行为的态度打"√"
孩子脱下肮脏的鞋子	脱在门口	可接纳　☐ 不可接纳　☐
	脱在客厅的地板上	可接纳　☐ 不可接纳　☐

③ 孩子影响

行　为	孩　子	你的态度打"√"
在街上骑自行车（12岁）	有良好的动作技能，知道自行车的安全规则。	可接纳　☐ 不可接纳　☐
在街上骑自行车（6岁）	骑自行车时不稳，摇摇晃晃的。不了解自行车的安全规则。	可接纳　☐ 不可接纳　☐
想要比平常的时间晚一小时睡觉。（11岁）	必须早起上学。	可接纳　☐ 不可接纳　☐
想要比平常的时间晚一小时睡觉。（5岁）	还没有去上学。早上睡得很晚。如果累了，还可以再小睡一会儿。	可接纳　☐ 不可接纳　☐
到游泳池最深处去游泳。（12岁）	知道游泳，已经有过教训，知道危险性。	可接纳　☐ 不可接纳　☐
想到游泳池最深处去游泳。（6岁）	不明白水的危险性。	可接纳　☐ 不可接纳　☐
想和朋友一起去看电影（12岁）	很有责任感。曾经自己去看喜欢的电影。	可接纳　☐ 不可接纳　☐
想去看电影。（8岁）	注意力较为短暂，并且开始感冒及喉咙痛。	可接纳　☐ 不可接纳　☐

（2）请回忆一个最近发生的场景，孩子想要做的一件事，

在什么情况下你允许了,在什么情况下你反对了?

场景:＿＿＿＿＿＿＿＿＿＿＿＿＿＿＿＿＿＿＿

孩子想要做的事:＿＿＿＿＿＿＿＿＿＿＿＿＿＿＿

你允许,是因为①自我影响＿＿＿＿②环境影响＿＿＿＿

③孩子影响＿＿＿＿

你反对,是因为①自我影响＿＿＿＿②环境影响＿＿＿＿

③孩子影响＿＿＿＿

(以上请选择并打"√")

你的接纳线经常会随什么而变化?＿＿＿＿＿＿＿＿

当时孩子是否知道并了解?＿＿＿＿＿＿＿＿＿＿＿＿

你有和孩子沟通并有良好的结果吗?＿＿＿＿＿＿＿＿

如果效果不好,您觉得是什么原因?

语气＿＿＿＿(打"√"),情绪＿＿＿＿(打"√"),

语言＿＿＿＿(打"√"),表情＿＿＿＿(打"√"),

声音＿＿＿＿(打"√"),其他＿＿＿＿(打"√")

5 分钟亲子活动

(1) 历代父母法

当孩子缺乏力量的时候,可以邀请他想象:想象父亲就站在自己的右肩背后,同是母亲站在左肩的背后,感受一下他们就是站在那里,因为他们把生命传给了你。想想你能看到他们,同时看到父亲的背后他也有他的父母,同时母亲的背后也有她的父母。用这个方式,想象你看到很多很多代的父母站在你的背后,他们就是你的祖先。你的生命就是经由这么多代的父母传给你那里。他们把他们的力量传给他们面前的孩子,来自不同方向、很多很多有力量的父母的力量,就像是火山爆发的熔流一样传下来,每一代的父母当收到传来的力量时,他们的眼睛也变得光亮。很多代的父母的力量,像来自不同方向的熔流,都传到你的父母,然后经由他俩再传给你。

当你感到这份炙热的力量流传到你那里时,充分地打开你的心,接受它,然后大力吸一口气,让你的心两倍地接受这份力量;再大力吸一口气,允许这份力量在身体里变大、变暖、变热;再大力吸气数次,每一次都接受更多的力量直到充满了整个身体。我们经常可以从父母那里,从历代的父母那里吸取能量,直到足够。

（2）角色扮演法

邀请孩子和自己经常进行角色扮演的活动,比如父母和孩子(可以请孩子扮演父母)、顾客和营业员、医生和病人、警察和居民、老师和学生等。请孩子主要设计情景台词等,经过排练简单开始,每次都要体会角色的身份、心情、对话、冲突或者收获等,并且在活动结束以后有所交流,表达彼此的感受和看法。活动对孩子进入社会角色有很大帮助,也能够让父母在扮演角色的过程中给予孩子以支持和肯定。

第二章 父母的烦恼

第一节 情绪的困扰

5分钟心灵故事

曾经有心理学家对儿童态度做过一项实验。在一个房间里摆满玩具,让一个具有负面人格、很容易不高兴的孩子进去。他迅速地拿起一个玩具,又换了另一个,每个玩具都只玩一会。然后,他去跟研究人员抱怨,说他无聊极了,需要玩点别的。第二个孩子进入另一个房间。他对每一件事都保持积极乐观态度。研究者们把他放在一堆马粪前,他们观察他的反应。他们惊讶地发现,他的脸上流露出灿烂的微笑。"你为什么这么开心?"研究人员问这个男孩。"因为这里一定有小马!"他快乐地回答。

读到这个研究以后,我经常想到它。每一次我觉得,我的处境就像面前有一大堆马粪时，我就试着对自己说："这里一定有祝福。"于是我睁开我的眼睛、敞开心灵，准备接受这份祝福。

有时你只能看到这堆粪便，还找不到这匹小马。有时无论你发奋努力，向着更高的目标迈进，但你就是做不到。有时某件事或者某个人使你非常痛苦，尽管你想尽办法寻找功课，还是一无所获。

有一次去外省市旅行，突然起了浓雾，几秒钟之内，我就看不到 1 米以外的景色，眼前的道路好像已彻底消失了，浓厚的白雾包围着我们。当我们缓慢行进时，我想到，在我的生命中，有多少次有过同样的感觉。仿佛突然间，一片无法穿透的浓雾包围了我，我失去了方向，我不知道身在何方，要往哪里去，是否能安全抵达目的地。这些障碍其实最具挑战性的考验，因为它们让你觉得，你遭到生活的迫害、受到严重的惩罚，你的心里充满绝望。之后，也是在一瞬间，浓雾消失，障碍清除，我发现自己置身于一片如"桃花源"之处，远比想象中更美好的地方。我回顾这段经历，怀着新的领悟，感谢这段旅程。

当我们被难题和逆境包围，我们经常害怕自己会迷路，永远回不了家。记住——你虽看不到路，道路却在你眼前，路没有迷失。无论你是多么恐惧，你也没有迷路，功课就在那里，但是它需要时间来显露自己，这就是你的领悟起点，你必须往前走。

5分钟"效能训练"

我们都喜欢正面、积极的情绪,都不喜欢负面的情绪,那些不愉快的、不喜欢的情绪,我们不希望他们在生活中出现。当负面情绪来临之时,会"一叶障目",失去理性,冲动不计后果。

情绪是送信人,而每一封信都来自于我们的内心。如果你对送信人能以礼相待,理解并应对好这封信,送信人就会走了。相反,如果你关门不接待这个送信人就会一次次的不请自来,就像一个送快递的,怕你收不到一趟趟地送,因为你关着门,他怕你听不到就敲门、砸门甚至撞门,白天你不开门,他晚上再来。信的内容越重要,送信人的越是尽心尽责。因为这封信包含我们的期待渴望,包含着我们内心的重要需要。越是大的情绪,"信"的内容越重要,越有价值。所以,如果你处于巨大的情绪中,那首先要恭喜你。因此负面情绪具有它的真正价值,当我们带着觉知,而不是无意识去看这些情绪的时候,就会发现情绪和感受没有好、坏之分。

(1) 压抑让我们安全

忍一忍,至少当时你获得了安全,在你没有能力或者准备去应对那个冲突之时,压抑保护了你。所以,请感谢压抑,感谢每一个压抑,至少他让我们平安的存活下来。至于我现在要不要压抑,那其实还是取决于我有没有准备好应对一个可能的冲突。小时候,在童年里,压抑是难免的,我们依赖父母和他人,我们没有足够的能力独立,没有足够的能力保护自己,不压抑是几乎不可能的,人在屋檐下岂能不低头。而压抑虽然保证了安全,但是也委屈了我们自己,甚至形成了习惯性的压抑,如果我们有了压抑的习惯,我们很难在不需要压抑的时候依旧压抑,然后特别的委屈和愤怒。好的方法是,努力地觉察和区分,过去(童年)我不得不压抑,现在(成年)的情境我还需不需要这样,如果我们可以且愿意承受,我们是否鼓起勇气表达自己。

(2)愤怒里包含着力量和自尊自重

当你压抑再压抑,你很难不愤怒。你内心的声音常常是"这太过分了!""这太不公平了!""这太不应该了!",这里面的倾向是追求自爱和自重。所以,我们去追求公平和合理。很多你平时无力干、懒得干、不敢干的事情,当你愤怒的时候你就可以做了,而且很可能效率很高。人类很多的作为和精彩,都是一怒之下、盛怒之下做出来的。但也有很多悲剧和灾祸也是因为愤怒而生的,因为你对愤怒中的力量的偏差使用而生。所以,很多人的愤怒被压抑,人不敢愤怒。愤怒中资源蕴含的是力量,你怎么用这个力量是你的选择,可以去生气去破坏去攻击,也可以争气去发展去保护,现在你拥有着力量,这不值得恭喜么?

（3）悲伤包含着疗愈

悲伤包含着疗愈，不要去劝一个悲伤的人，让他尽情地悲伤，悲伤的尽头是接纳。有的人通过悲伤来获取同情、爱是一种扭曲的选择，他们会力保自己的可怜，这是一种他们错学的技巧，而这种技巧是隐蔽而强大的。这里说的悲伤不是指这种技巧，而是指自然地悲伤，自然地悲伤是好的，有机会接触到被我们冰冻的悲伤是好的，是一个和自己连接的机会。所以，通常来讲，不要制止和劝慰一个人悲伤的人，陪着他，倾听他，对他说，哭吧哭吧，这真的是让人难过。看着他哭个够，就是对他最好的安慰和爱。相信他在充分的悲伤后会接纳那个巨大的失落，并开始新的生活。

（4）焦虑可以调整你头脑里的刻度

焦虑是不好受的，恼人的甚至是可怕的，它本身包含着极有价值的东西。可以承受的焦虑，让你认真、小心，难以承受的焦虑，可以给你更意义深远的东西，它会告诉你哪里想错了，你哪里的界限是有问题的，最常见的是你不顾现实而过高期望自己，你有完美主义倾向，你有强迫性观念。比如你不顾事情的节奏而希望更快、更早、更好。倘若你能深看你的焦虑，你会看到你头脑里刻度的偏差，把那个刻度调过来，你就会安然而有效。而这是多么重要，可以避免你此后多少的挫败、无望、自责、慌乱和失眠。

如果你坚持回避情绪，你必将被打扰，如果你极力逃开情绪,你将被追上,而一旦你成功了,身体就会不得不说话,身体不是轻易说话的,而它一旦说话,那个话会重得多——用身体说话的方式生病。绝大多数的疾病都是因为情绪,所以没有不好的情绪,只有不被尊重的情绪,没有可怕的情绪只有缺乏了解的情绪。

5 分钟亲子范例

父母们都知道要陪伴孩子,特别是孩子有情绪的时候,可不知道怎么陪伴,特别是经常自己变成了触发孩子情绪的"来源"。

(1) 孩子的行为想法是首要的,父母要跟随其后

妈妈:妈妈觉得先做语文作业比较好,这个快。

妈妈:你吃点青菜吧,青菜对你身体好,不要再吃肉了!"

有些父母和孩子沟通非常有热情,这类父母期望孩子按照自己吩咐的去玩,做出父母希望的特定的行为,因为不关心孩子说什么,所以很容易错过了解孩子在想些什么的机会。不仅在日常生活中会被父母随意操纵,让孩子感觉压抑,把孩子变成被动型的人格。让孩子按照大人的视角去玩游戏,会减少孩子的想象力和创造力。重要的不是用"妈妈觉得……"这样的话提出父母的想法,而是聆听和接纳孩子的想法和话语,用"你的想法是这样啊"来回应和了解孩子的内心。

妈妈:宝贝你看是先做语文呢还是先做数学?

妈妈:宝贝吃完肉了,今天还可以吃点什么呢?

例如:孩子在画画。

父母:宝贝,你在画什么呢?

孩子:我想把我们的房子设计得美观一些!

父母:是吗? 那这是我们房子的什么部分呢?

从案例中可以看出父母不是先提起对话,而是根据孩子的话或行为继续进行对话。此外,孩子小声说话父母也要一起小声说话,孩子说得很慢,父母也跟着说得也很慢,最好是使用相似的音调、音量和速度。对孩子的行为最好不要及时反应,而是通过询问让孩子来引导。

（2）要成为"伙伴",而不是"老师"

① 爸爸:不能把汽车翻过去,这样里面的人就死了。不要翻过去,要让它好好行驶。

爸爸:怎么还要玩刚才玩过的游戏啊? 别玩了,玩别的吧!

有很多父母在沟通时像"老师"一样不停地教孩子,但是如果反反复复地指指点点或纠正孩子,如同关掉了孩子的话匣子,也会引起孩子的愤怒和压抑。

爸爸:想一想把汽车翻过去了可能会发生什么事情?

爸爸:好玩吧? 还想玩是吧?

父母以自己的想法为中心教孩子时,会阻碍孩子的表现让其变得被动,而且会引发孩子愤怒或者压抑的情绪。但是当支持孩子的表现,尊重和接受孩子的想法时,会帮助孩子更多地去表现,会引导孩子产生主动积极的态度。

② 妈妈:这是什么?

妈妈:你为什么不进屋而在外面?

看孩子的行为,父母有好奇的地方时不要直接去询问,而是要间接地询问。

妈妈:这是什么呀?

妈妈:我们都进屋了,只有你一个人在外面,你在想什么呢?

"这是为什么?"这种直接式的提问强求孩子回答问题,让孩子有负担感,但是"这是什么呢"这种以"呢"结尾的间接式的问题听起来提问的人在自言自语,可以回答,也可以不回答,所以让人感觉比较舒服,并且以"为什么"开始的问题会让孩子认为父母在训斥他,因此会回避回答或因为不知道为什么而直接说"不知道"或沉默。这时问"怎么(how)""什么想法"或"因为什么(what)"会比较好一些,因为这样可以帮助孩子思考,有效地引导答案。

(3) 不说"不行",而是在什么时候、什么情况下是可以的

爸爸:不是让你不要在我们说话的时候插话吗!

妈妈:不是说在屋子里不能踢球吗? 别踢了!

孩子们想做的事情很多,但是缺乏根据地点和时间来区分能做什么,不能做什么游戏和行为的能力。在孩子的立场上只是做了自己的想法而已,但是父母总是说不行,孩子理解不了只能愤怒委屈。一味地听到"不行",孩子会发脾气或是

通过扔东西来表示不满,而对这种行为父母会感到生气并说一些让孩子失望的话,结果就打击了孩子的自尊心。因此允许孩子,不能只说"不行"这种否定句,而是要以添加在何种场合允许其行为的肯定句告知允许范围。

爸爸:爸爸妈妈说话的时候你先不要说,你先听一听,等我们说完了你再说说你的想法好吗?

妈妈:想踢球的话到外面踢吧!

"不行!""别做了!"这种否定句让听的人因为只知道目前做的行为不对,却不知道该做其他哪些行为而犹豫不决或诱发他继续做出问题行为的心理,但在否定句之后添加肯定式提议(……是不可以的,但是……是可以的),会让他知道即使是相同的行为在适当的场合还是被允许的,这样他就可能会考虑和顺从父母的想法。

5分钟亲子对话

(1) 面对愤怒的情绪

例如:孩子想骂同学"笨蛋傻瓜,什么也干不好。"

可能:你怎么能骂人呢,而且是你的同学? 好孩子是要团结友爱,要讲道理的。

尝试:你现在很生气吧? 同时发火不一定要用脏话表达。你可以说:我希望你这样,但你没做到,我非常失望。

练习:孩子气得想把作业本撕了。

可能:你昏头啦,怎么能想撕作业本呢? 赶快稳定一下情绪,乖!

尝试:_____

（2）面对焦虑的情绪

例如:孩子:学校里的同学都讨厌我怎么办啊?

可能:你想想自己有哪些地方做得不够好,你要主动去接近同学们。

尝试:你的优点这么多,一定会有人喜欢你的。当然,世界上会有各种各样的人,不可能让所有的人都喜欢你,所以只要努力和人好好相处就好了。

练习:孩子:老师不喜欢我怎么办啊?

可能:一定是你自己哪里得罪了老师,这就麻烦大啦!

尝试:_____

（3）面对悲伤的情绪

例如:孩子养的小鸟死了。

可能:算了,死就死了吧,我再给你买一个,这个我帮你扔了吧!

尝试:你心里很难过吧? 小鸟也能感受到,它希望你开开地和他道别,它会去另一个美丽的世界的。

练习:孩子的一位朋友或者长辈去世了。

可能:别去想他了,一切都会好起来的!

尝试:_____

5 分钟亲子互动

（1）面对愤怒的情绪

找一个恰当的时刻和孩子聊一聊愤怒，学会调节愤怒的方法，长大以后才有可能成为成熟、性格良好的社会人。

你什么时候会容易生气？_____

你生气时的表情是什么？_____

你在生气的时候想说什么，想做什么？_____

_____

如果不伤害到别人和自己，可以有什么方法代替？____

_____

（2）应对焦虑的情绪

和孩子一起做减轻焦虑的游戏，在临睡前交流关于焦虑的话题，通过吐露心情，帮助孩子减轻压力。

在生活中让你焦虑的事有_____

① 先停止焦虑，过 10 个小时以后再想（推迟焦虑法），过 10 小时以后你的感受_____

② 想象把它们慢慢放到一个垃圾桶里，然后垃圾车来了，放进去，让它带走（垃圾桶法），现在你的感受_____

③ 找出可能发生最可怕的结果_____

同时找出应对的方法，越多越好（侦探法）_____

_____

现在你的感受＿＿＿＿＿＿＿＿＿＿＿＿＿＿＿＿＿＿

（3）处理悲伤的情绪

请和你的孩子一起回忆生活中分离的悲伤的时刻,比如离开陪伴很久的小猫,亲人的离世……做一个关系的整理,聊一聊度过的美好记忆。

和＿＿＿＿在一起做过的事＿＿＿＿＿＿＿＿＿＿＿
最难忘的瞬间＿＿＿＿＿＿＿＿＿＿＿＿＿＿＿＿＿＿
还没有来得及说出口的话＿＿＿＿＿＿＿＿＿＿＿＿
表达一下内心的感受＿＿＿＿＿＿＿＿＿＿＿＿＿＿

5分钟亲子活动

（1）抽离法

这个方法,最适用于当孩子不能脱离现场但又想情绪回复平静的情况。

每当你恶劣情绪上升,心中想要回复平静时,想像自己在空中往下望现场,看到自己和现场所有人。(就像从直升机上看现场,正在拍摄录像,有自己在内。)只要在这个景象里看到有一个自己的形象,情绪便会快速地下降。看到的自己形象,无须容貌清楚,只要有一个人形,而且知道这个人形是自己便可。这个方法最好预先练习,只需三数次便能掌握。欲想更快有效,可以想像直升机上升,并且光线变暗,如此,看到的景象在缩小和变暗。

（2）生理平衡法（挂钩法）

是一种快速帮助孩子改变情绪状态的技巧，每当有负面情绪出现时。可用这个技巧帮助自己改变情绪状态。

首先，双腿伸直，双脚交叠，双手手指亦交叉结合，反扣至胸口。然后，舌尖向上抵住口腔内上腭门牙稍后的地方，把呼吸调慢。最后，把全部注意力放在心脏上面，维持三分钟。

第二节　信念的执着

5分钟心灵故事

小曼是个刚上五年级的女孩，一直很听话，爸爸妈妈说什么都听。成绩特别好，文文静静的。可最近上课总是走神，作业也是会漏题、错误较多，开学第一次测验，一直95分以上的她考了82分。父母以为是练习得太少，就加了更多的课外作业，可是收效甚微。有一次，班主任老师电话父母，告诉他们在周记作业里，小曼吐露了心事："好累啊，没有休息日，平时做完了作业都要加家庭作业，周末语数外课外辅导，还要上琵琶课，课外机构还有很多作业……什么时候能够让我好好休息休息……很久都没有去公园了，难得去一次妈妈还让我写作文体会，玩的时候不停地让我观察，我一点兴趣也没有，真不开心。"

事情是这样的，小曼的语文老师布置了"公园即景"的作业,让大家写一写去公园的体会,小曼和爸爸妈妈一说,他们不同意,说没时间去,网上看看介绍照片就可以了。所以这次作文写得干巴巴,老师觉得小曼可以写得更好。爸爸妈妈没办法,只好硬着头皮狠下心少上一次琵琶课,去了公园。去公园的一路上,妈妈就没少唠叨:"一会儿去公园抓紧时间看景,把看到的拍下来记下来,回去好用,这回老师不会说你干巴巴了……"小曼原本还有点感恩的心凉了半截,这三个人一点也没有逛公园的感觉,只是在完成任务。后来回家的路上,小曼伤心地哭了,晚饭也没吃,父母还以为她病了,怎么问都不说。作文写出来是比网上浏览的效果要好,不过老师评论"缺乏真情实感,没有发自内心的体验。"父母看了以后,自然是把小曼批评了一顿,妈妈还絮叨叨说带她去玩是浪费,作文写不好不能上好的学校什么。小曼又哭了很久……自此以后,班级里少了一个充满灵气、可爱的女孩,多了一个常眼望窗外,满怀心事的女生。

5 分钟"效能训练"

我们对人与事物的反应,做或不做某些事,内心的推动力等的原动力都来自我们内心的一套信念、价值观和规条系统,简称为"信念系统"。信念系统(Belief System)可以分为信念(Beliefs),价值(Values)和规条(Rules)。

信念是"事情本应这样"的想法,是事情的"道理"、"理由",是每一个人对世界上的人、事、物之间的关系的主观认识,也就是我们头脑里指导我们如何在这个世界生存的"指南针",我们生活里的每一分钟,都得跟随信念所指引的方向去策划和行动。

价值是事情的意义和给一个人的好处,其中什么重要?可以给我些什么?可以为我做些什么?或者凭此我可以得到些什么?价值是做与不做任何事的原因,所以推动一个人的方法必然是在价值上做工夫。人生里任何一件事,不论做或不做,都是由这个人的价值观来作评定。而做每一件事所涉及的价值有很多,有轻重之分,而且需要一一排位,分出高低次序。如果价值的排位不能清晰,在一件事上面有两个或以上的价值相等,这个人便会犹豫不决。另外,我们的意识和潜意识往往各有一套不同的价值排位,有些人知道应该做(意识里的某些价值很高),而总是提不起劲去做(潜意识认为另外一些价值更重要),便是这个原因。

规条的存在,完全是为了取得事情中的价值和实现有关的一些信念。规条会涉及人、事、物的组织安排和活动,是事情的安排方式,也就是做法,有清晰的动词在其中。

例如:每个有上进心的人都应该不断地汲取学问,因为学问懂得多,别人才会尊敬他,找工作更容易,升职也会快一点。你应该好好学习,多参加课外进修,成绩才能提高。

信念:"有上进心的人都应该不断地汲取学问。"注意"应该"二字的出现,所用的动词是虚泛的。

价值:"别人的尊敬","容易找工作","快点升职"。

规条:"多看书,多参加课外进修。"这样做,为了取得上面的价值和实现那个信念。

例如：孩子为什么上学读书？父母对于这件事的信念和价值观若不清晰，孩子便无法培养出上学读书的兴趣，更无法取得好的成绩。在不少家庭里，孩子学业成绩欠佳令整个家庭产生压力，同时也构成沟通问题和关系恶劣的起因。

"多看书，多参加课外进修"，是为了实现"求上进的人都不断地汲取学问"的信念。这个信念也不一定只有凭看书和参加课程才能实现。同时，若不注意看的是什么书，参加的是什么课程，多做这些行为，不一定就会增加学问。

很多孩子上学的理由只是"父母逼我"，即是顺应父母的要求。这点当然无法有效地推动孩子乐于上学和体会到上学读书的意义。同时，也有不少坚持孩子上学读书的父母，对"为什么"这个问题，没有清晰地思考过。深思一下，父母会发觉自己对孩子上学读书的信念和价值观并不十分清晰。很多使人不能成功快乐的信念，起因都是我们在成长阶段中"照单全收"所致。上学读书的道理和价值都是这么遥远，而孩子在每天上学读书里找不到乐趣（价值）。就像天天堆砖砌石，十多年这样，为的是建造一个渺茫、看不清楚，甚至可能不会出现的海市蜃楼，多少人会有动力？从小到大父母说必须是这样的，书本或者身边的人都这样说，于是我们会未经思索便接纳这些信念，进而运用它们去处理人生出现的事。

让孩子认识到读书学习可以开心有乐趣，孩子自然有更大的推动力。在价值上，如果读书学习是为了一些未来长远而且渺茫的价值（例如将来更成功，容易找份好工作），孩子难以产生推动力。如果孩子体验到每天上学与同学一起的乐趣,学习到新的知识,得到家长的肯定,有机会运用学到的东西做出成就,因而有成功的感觉和别人的肯定,孩子也就有更大的推动力了。

5 分钟亲子范例

(1) 孩子上学读书是理所当然的,但是孩子为什么上学读书呢?

爸爸:①为了取得文凭。

② 为了他日能够容易地找份工作。

③ 为了孩子未来可以生活得更好。

④ 为了孩子将来多点机会。

⑤ 孩子会出人头地。

怎样孩子上学读书,他日便会得到上述这些价值? 其中的关系是怎样建立出来的? 谁可以保证会是这样的? 所有出现过的名词,究竟是什么意义? 什么是"工作?"什么是"出人头地"? 多点怎样的"机会"? 什么是"生活得更好"? 为何孩子每天上学读书他便会出人头地? 那张文凭究竟能够给孩子一些什么? 会怎样"容易"? 找怎样的"工作"? 有什么"机会"?

对读书学习的信念和价值观不清晰,故此引不起兴趣。信念是指相信读书学习应该是怎样的。如果家长的信念是读书学习本来就是枯燥无趣的,孩子自然也接受了这信念。更直接有效的信念和价值观是引导孩子注意到每天都接触到、都可以得到的价值。

孩子:爸爸,我为什么要每天上学读书啊?

爸爸:①上学读书可以增加学问知识。(这些学问知识能使孩子产生自信和力量)。

② 可以认识很多同年龄的朋友。(告诉孩子这些朋友与他一般大小,想到遇到的事情、烦恼都相似,所以能够发展终生的友情。而朋友是人生里最有价值的东西之一)。

③ 学会处理人际关系。(通过与老师和同学之间的相处,他会掌握种种接受别人,也使别人接受自己的技巧,将来在社会上能够得以有效地发挥)。

④ 学到学习的方法。(不断地接触各个科目的知识,认识到自己吸收学问的不同方法及有效程度,因而能够掌握属于自己的学习方法,并且终身都受用)。

⑤ 享受到成长的乐趣。(学校有很多活动,同学之间也会有很多社交、共同爱好等。处理困难、面对挑战、找寻突破、不断创新、提升自己,都是成长期间的乐趣)。

这些信念和价值,使得孩子更能体会上学读书的乐趣,也使得父母更有效地推动孩子取得更佳的学业成绩。故此,经常地询问孩子有关这几点的进展,与他分享一些上学读书中的乐趣,便能维持孩子对上学的兴趣。

(2)父母还可以花些时间与孩子讨论以下的事情,使孩子更明白上学读书的重要。

① 所学到的东西在生活中如何运用。把学到的东西与孩子有兴趣的玩耍、游戏或者爱好拉上关系。那些知识在孩

子未来的人生里会有怎样的用途。

妈妈：宝贝，今天妈妈去买菜，你要用学到的数学知识帮妈妈算算菜钱怎么分配好吗？

爸爸：听说你今天体育课上学会了一个新的游戏，我们一块儿玩好吗？

② 借题让孩子发挥学到的知识，例如向他请教。给孩子任务，让孩子可以运用学到的东西（例如要他代你写信给亲友），任务做好了有酬劳。

爸爸：宝贝啊，帮我给奶奶发个短信吧，模仿家里每个人的口气，奶奶一定会很高兴的！

妈妈：亲爱的，我新买的白色柜子上需要一幅画，你画画特别棒，能帮我这个忙吗？

③ 关心孩子读书里的苦乐，与他分享，给他肯定。

妈妈：今天学习了一天，宝贝快和我讲讲有什么开心的事和不开心的事啊？

爸爸：我的孩子今天有什么收获啊，比如交了朋友，赢了比赛……

5 分钟亲子对话

（1）父母发出的指令不清晰

例如：你要乖一点。（孩子会不知道如何才会做得好。）

尝试：你安静地做作业或者休息。

练习：你要做个好孩子。（孩子不清楚"好"的标准。）

尝试：_____

（2）不恰当地用询问方式

例如：你可不可以拾起那件玩具？（孩子会觉得有"不可以"的选择。）

尝试：请你拾起那件玩具。

练习：你能不能先吃饭再玩？

尝试：_____

（3）指令太多

例如：收拾玩具、整理睡房、洗手，然后来和我们一起吃晚饭。（孩子会感到混淆，力不从心，索性放弃）。

尝试：请你整理一下，过来一起吃晚饭。

练习：一会儿你把英语背诵一下，再做几道数学，完成一篇阅读，最好能看一下课外书籍。

尝试：_____

5分钟亲子互动

（1）用价值观可以评估一些事带给一个人的得失，平时我们要和孩子多探讨交流。

例如：关于学习的话题。

① 这件事里什么对你最重要？ _____

② 这件事可以给你些什么？" _____

③ 这件事有什么意义?" _____

④ 你可以从中取得什么?" _____

（2）规条是事情的安排方式,也就是做法,为了取得价值和实现信念,父母可以在这里进行引导。

① 你希望孩子多做一些的良好行为那必须是用正面词语写（没有"不"或者"没有"之类的负面意思词语）,越清晰明确越好。

说"不要捣乱",孩子的反应 _____

改说成"安静地坐下参加游戏",孩子的反应 _____

"要尽快做完功课",孩子的反应 _____

改说成"当天的功课在晚上九时之前做完",孩子的反应 _____

② 列出一张肯定方式的清单。每当孩子做到良好行为中的任何一项,你便应采用这些方式。找机会与孩子谈谈,先问问孩子喜不喜欢这些方式,才写下来。举一些例子:

说鼓励肯定他的话;一些赞扬性的身体接触,例如拍拍他的头,亲他的脸;微笑地点头;一段愉快的交谈;与他玩某些游戏,例如下棋;

以上的方式孩子特别喜欢哪个 _____

5分钟亲子活动

（1）幸福魔术呼吸法

闭上眼睛,找一幅曾经看到过的画面,或者在书上、电视电影上,或者在旅行的途中见到的。然后开始用呼吸,想象自己是魔术师,每一次吸气,画面就开始发生变化……,按照你需要的样子,开花结果,或者变出房子风景等,每一次呼气,不美好的细节就开始消失……直到你觉得足够。

(2)"演说家"法

想出一个有此能力的人,回想上次(或者幻想一次)见到他在台上演说的模样。先注意在台上射在他身上的灯光特别光亮;他的声音很有力,吸引全场人士的注意,然后想像自己站起来,走向他的方向。途中看到台上的他越来越清晰,他的声音越来越大,走过的两边人群的投入也越来越强烈。然后你走上台,站在他身旁,一同面向群众,看到观众被你俩吸引着。你听到的声音就在旁边响起,所以很响亮清晰,内心的感觉因此很强烈。然后,你横走一步,进入他的身体里。现在,你已成为他,语言从你的内心产生,经口中涌出,吸引着所有观众,眼中见到的观众完全被你吸引着。内心产生一份很强的自信,再用大力吸气的方式,把这份能力的感觉加强。

第三节　家庭的分歧

5 分钟心灵故事

记得有一本绘本故事叫《鬼妈妈》:女孩考罗琳和爸妈一

起搬进了一间旧屋,她在某个角落找到一扇紧锁的神秘之门,在这道门后,她发现了一个与现实完全相同的另一个世界,那里有她的另一个"妈妈",这个"妈妈"有一双黑色纽扣眼睛,她比真妈妈要更加宠爱考罗琳,满足她的一切要求,从来也不会对她喊叫,只是一味地宠爱她。只是有一个条件,她要考罗琳永远留在这个世界里……可是女孩面对这样好的妈妈,却一天比一天更加想念自己的妈妈,开始思念妈妈唠里唠叨的声音,怀念妈妈闪亮的眼睛……当我第一次看这本绘本的时候,还是会想:究竟是因为妈妈的缘故还是什么,孩子没有选择无条件的宠爱,还是愿意继续呆在不完美的妈妈身边,承受着唠叨和限制?

这让我想起了一个场景:一对母女坐在一起,似曾相识。

女儿:妈妈,你爱我吗?

妈妈:当然啦我的孩子。

女儿:妈妈,我学习成绩不够好你还爱我吗?

妈妈:(犹豫一会儿)当然啦,如果你成绩好一些妈妈就更加爱你啦!

女儿:……(仿佛听到心碎的声音)

那让我们换一下……

妈妈:宝贝,你爱我吗?

女儿:当然啦妈妈。

妈妈:妈妈不够漂亮,也不够温柔,你也爱我吗?

女儿:爱的妈妈。

妈妈:为什么呢?

女儿:没有为什么呀,因为你是我的妈妈。

上面的对话,父母看了心里是什么感觉? 真爱的是没有条件的,无论父母怎样,孩子都会爱你的,可是,我们有时候会为了一些条件忘记了我们原本有的真爱。

5 分钟"效能训练"

(1) 家庭中的三个理念

① 孩子有权力满足他们的重要需求;孩子遇到问题无法解决的时候,常常需要父母特别的支持,帮助他们建立快乐满足的生活。

② 父母也有权力满足自己的重要需求,不管是父母与小孩之间,或者伴侣之间都是如此。不提倡为了孩子牺牲自己一切是父母的职责的理念。

③ 家庭不但重要,而且是个开诚布公、诚实快乐、充满爱心的地方。

(2) 为人父母的真相

① 父母双方可能对孩子的统一行为抱有不同看法。

② 没有父母永远无条件接纳子女,心理上就不可能。当你非常讨厌孩子的某些行为甚至愤怒的时候,不必愧疚,因为父母也是人。有些父母比较能够接纳,有些比较不能够接纳。

③ 接纳线经常会变化,这是人性的一部分,因为你每天不可能是一个样子,这是自然的感觉。

④ 每位父母都可能有不同的感受。如果假装接纳或者不接纳，孩子会感受到，而且自己也很别扭，容易造成对另一方的埋怨。

父母双方有差异是正常的，坦白沟通是正常的做法。支持的态度与"统一战线"做法是不同的。你可以支持另一半的需求，但不需要假装跟他保持统一战线。如：你可以对孩子说："我对那件事没有意见，你爸爸不赞同，一定有他的理由，我重视他的感受，你再想想有没有别的方法。"

（3） 家庭中的共同信念和共同价值

"共同信念"是大家一致认同的信念，即是对"什么事情应该是怎样的"有相同的看法。"共同价值"是各自追求的价值，但都是对方所认同和追求的。

① 在婚姻关系中

例如去吃一顿大餐，丈夫追求的是美食或饱肚，太太追求的是两人在一起的温馨；又例如一同去国外旅行，丈夫追求的是舒缓压力、休息轻松，太太追求的是购物和吃喝。虽然价值不同，但是对方可以接受和支持，两人因而可以一同享受那次经验。

② 在亲子关系中

在中国传统的教导孩子模式里，亲子之间的共同信念、共同价值是很不足的。父母以"权威"、"什么都知道"和"你受我管"的态度对待孩子，孩子被要求"听话"，孩子完全被动，难以建立足够的自我价值（自信、自爱、自尊）。父母要以爱、鼓励和支持去代替恐惧、羞愧感和犯罪感来推动孩子,父母需要给孩子一个平起平坐的地位,才能有所谓共同信念、共同价值的出现。

5分钟亲子范例

当家庭中遇到了不能解决的问题时,比如孩子不愿意去奶奶家想看电视,不能按照父母的意见行事,一般会出现这种画面:

妈妈:宝贝啊,乖,听话我就什么条件都满足你……

爸爸:我和你说过了,不听我就生气了,而且你要的圣诞节礼物也没有了。

连哄带骗,先礼后宾,不行就威胁,这是父母惯用的"三斧子",时间长了孩子都学会了。而且谁也不愿意被人牵着鼻子走,凭什么爸爸妈妈的意见一定要听?那自己的心声呢?若是出了问题这里父母还会互相责怪,不是你怪我太软弱就是我怪你过了火。当家庭的成员不能解决他们之间的问题时,这些问题会重复又重复地出现,导致家庭成员之间的关系恶化,直至不能收拾。

(1)各自的信念与价值

妈妈:宝贝,我们想去看奶奶,奶奶是爸爸的妈妈,爸爸也会想妈妈,而且奶奶年纪大了,需要经常被关怀啊。

孩子:爸爸妈妈,我做作业很累了,好不容易有个放松的机会,我想看一下电视。

（2）共同的信念与价值

① 爸爸:宝贝,这件事,不能全听你的,你累了确实需要休息。爸爸妈妈也需要满足自己的需要,比如我们要去看奶奶,而你要留在家里看电视,你看,能不能去奶奶家看电视,这样既满足了我们的要求,你又看到了电视,而且奶奶因为你去也非常开心啊!

② 不同的处理方案:

孩子:我实在太累了,那就你们去吧,我去隔壁小王家看电视,这样免得我一个人在家你们不放心,我会给奶奶打个电话,明天再去。

妈妈:我们干脆请奶奶晚上吃饭吧,等你休息好了,晚上一块儿去吃饭,这样你也看好了电视,我们和奶奶也一起吃了饭。

在家庭中寻找共同的信念和价值观,还有不同的处理方法,当然必须在成员的心情都好,并且没有什么大问题存在时才举行。应讨论一下目前家庭中处理问题的方式是否有效,是否使众人满意和是否符合各人的需要等。不但会促进众人之间的关系,还会使年轻的一代学到与工作同事及朋友之间的问题处理技巧,是实用和重要的学习机会。父母的特权亦不会因此而减少,往往反而会更受尊重。

5 分钟亲子对话

（1）思考

当你询问开放性问题,帮助孩子"叙述"发生的事情,他的理性大脑便会开始理解。将来,他对自己的情绪和行为便能实施更大的控制。

例如:孩子在写日记,爸爸走过来非常好奇地拿走了想看一看,孩子非常生气骂了爸爸。

尝试:爸爸拿走你的日记本时,你非常生气,所以你骂了他……爸爸也开始生气,顺手打了你,你更难过害怕了,大哭起来,是不是? 那当时,如果爸爸没有经过你的同意拿走了日记本,你除了骂他和哭,还有别的办法吗?

练习:到了吃饭的时间,孩子在看一本非常喜欢的课外书,没有回应,妈妈走过来批评了孩子并收走了书,孩子一生气,把自己关在房间里不出来。

尝试:_____

（2）修复

当你的孩子伤害了一个人际关系时,鼓励他进行修复。请他为亲人做一件事,孩子经常将这种做法视为强迫道歉,他们感到羞耻,而不是一种积极行为。那父母不要让他认为是一种惩罚,而是重要关系受到损害后的一种修复手段。

例如:弟弟在玩堆积木,哥哥过去开玩笑地推倒了"成果",弟弟嚎啕大哭起来。

尝试:你推倒了弟弟的高塔,让他感觉伤心。你需要怎么做才能让他高兴起来? 抱抱他? 你希望帮助他将高塔再次建好? 太棒了! 你为什么不向他提出这一建议,看他怎么说? 他还希望和你一起玩呢!

练习：姐姐在做作业，妹妹拿着一瓶果汁在房间里跑着玩，绊了一下不小心把果汁溅到了姐姐的作业本上，姐姐伤心地哭了起来。

尝试：_____

（3）责任

帮助孩子树立责任感的第一步是，使他意识到，他的选择能够产生重大影响，而且他任何时候都可以做出选择——"积极反应"。关注他的日常行为，帮助他注意自己的选择和产生的后果。这种做法比表扬或惩罚效果更好，能够更有效地鼓励到孩子。

例如：想让孩子帮助妈妈每天倒垃圾。

尝试：宝贝，妈妈做家务非常辛苦，如果你每天上学的时候，顺手帮助妈妈带垃圾出门扔掉，她一定会很开心的。

练习：想让孩子在每天帮助家里饭前摆放碗筷。

尝试：_____

5 分钟亲子互动

我们经常就一件事可以和孩子进行讨论，其实每个人对时间的认知差异恰恰是组成五彩世界的基础。尝试每天和伴侣、孩子有 10—15 分钟的"互动时光"，有一个了解双方的价值需求、交流情感的空间，这个作法是一个预防性维护，确保家庭生活正常运转。然后和家庭成员共同探讨一些问题，比如：

对伴侣：亲爱的，这件事换成你的话，你会怎么看？

对孩子：如果让你来做爸爸/妈妈，你会怎想这件事？

（1）以下是"互动时光"的话题表，每天可以就一个话题大家畅所欲言。

话题	自己	伴侣	孩子
生活需求			
学习工作			
人际交往			
家庭生活			
对别人的期待			
共同的价值			

当对方在发言的时候，要将注意力百分之一百放在对方的身上，并且关闭电话不受干扰。

（2）当发生不愉快事件或者有了情绪时，可以提前或者临时使用"互动时光"。

事件：***	自己	伴侣	孩子
情绪			
表达			
相互理解			
商议的结果			

实际上家长和孩子都有自己的年龄特点拥有的能力和观念，有时候家长也不一定能做到，如果强迫对方一定要按照自己的要求办，只会使亲子关系陷入僵局。在这段时间里，双方

可以交流对事件的情绪感受,说出心里的话,注意三不:"不抱怨"、"不批评"、"不否定",支持及爱,目的是不要因为一些原先存在的情绪或态度形成的隔膜,使亲子关系中断和让孩子感到无助。

（3）按照伴侣或者孩子的不同类型进行安抚或者沟通,相知相通,建立更深的联结,才能使对方心烦意乱不安时,信任而不是回避我们。

感知觉类型	自己	伴侣	孩子
视觉"√"			
听觉"√"			
感觉"√"			
对待的方式			

在遇到困难和冲突的时候,有时候一个温暖的拥抱就足够进行联结,给予安慰。

5分钟亲子活动

（1）填写卡通气球

让你的孩子在一张纸上多画几个气球,在每个气球里填写使他感到有情绪的原因。如果孩子所写的话只是对同一主题作了些改动,你可以指出来,并要求他填上不同的原因。例如,如果孩子在一个气球里写了"没有赢得这场游戏",在另一气球里写了"没有赢得这场比赛"。你可以问孩子:"你能想出和'没有赢'不同的事情吗?"孩子们可能想画一连串的卡通气球来表达其他情感字词,例如高兴、骄傲、担心、不耐烦等。你的孩子可能想在气球的上方或下方画上带有她自己面部表情的人物。这些面部表情是否是孩子所描述的真实感受并不重要,重要的是,她是在用自己的方式诠释这个情感字词。她可以在气球中填写反映自己感受的话,也可以填写她所想象的别人的感受。特别对于不轻易表达自己感受的孩子。这有助于父母和孩子们更好地了解彼此的想法和感受。这个活动也非常适合孩子独自进行,以一种从没有过的方式考虑自己和别人的感受。

(2) 索引卡片

给孩子一些 5 * 7 的索引卡片,每张卡片写上一个不同的情感字词。让孩子注意,当某件事或某个人使他们产生某种感受时,找出那张写有这种感受的卡片,并在卡片背面记下所发生的事。当时如果事情发生时孩子不方便记下来,他们可以尽量记住重要的细节,之后再写下来。对于有的不太喜欢说的孩子,卡片是孩子考和表达自己对于生活中所发生事情的感受的一种安全方式。

第三章　谁的问题

第一节　孩子的问题

5 分钟心灵故事

有个父亲拥有一座玫瑰花园,他的玫瑰因非常美丽多姿远近闻名,大家都为能够求得一枝玫瑰而悦。父亲每天的工作便是在花园里修剪浇灌玫瑰。他有一个7岁的儿子,从小就坐在父亲边上看他修剪玫瑰。他多想和父亲一样和这些美丽的玫瑰花在一起,修建它们,爱它们……终于有一天他鼓足了勇气向父亲提出了也想修剪玫瑰花的想法。没想到父亲立刻就答应了,而且找了一把小小的剪刀给他用。

父亲把他带到一丛玫瑰花园前,开始了他的"工作",他一边唱着歌一边剪着玫瑰,心里像开了花一样幸福。可是剪了半天因为身高的关系,剪不到较高处的玫瑰。他有点着急了,问爸爸:"爸爸,我剪不到了怎么办啊!"爸爸摇摇头:"宝贝,这是你自己的事,自己想办法哦!"儿子只能冥思苦想,无意中看到自己坐的小凳子,眼睛一亮,赶紧搬了放在玫瑰丛下,踩了上去,立刻人长高了,他心里的快乐仿佛要溢出来一般。

不久,又剪不到了,看看爸爸,爸爸还是摇摇头,估计是不会帮他的。他又去拿了一把凳子,可这次叠在一起的时候,他不敢踩上去,太危险了,只能作罢。儿子痛苦地想了很久,一直没有办法,开始嘤嘤地哭。看着儿子快绝望的神情,父亲把他抱到腿上,轻轻地笑着说:"小伙子,你怎么没有想到使用我啊?"然后把儿子抱在怀里,站到了凳子上。这个"人梯"最后帮助儿子完成了人生第一件工作。爸爸告诉儿子:"剪玫瑰是你的事情,需要你自己想办法,自己的事情要尽力,爸爸只能尊重你,当然,爸爸是你可以使用的,这叫'资源'。"

5分钟"效能训练"

(1) 行为四角形图——孩子拥有问题

可接纳区
接纳线
不可接纳区

记得我们曾经提过接纳线和接纳区,也称"行为四角形",
具体如下图:

可接纳区	小孩拥有问题	协助小孩自行解决问题的技巧
	无问题区	加强亲子关系的技巧及方法
接纳线 不可接纳区	父母拥有问题	当父母无法接纳孩子行为时的处理技巧
	双方拥有问题	解决冲突的技巧,让双方需求都得到满足

有些行为呈现孩子本身正面临的问题,这些行为并没有
对你造成干扰。(如孩子埋怨她被班上的同学嘲笑了。)如果
你能接纳这些行为,那这些行为就在"孩子拥有问题"的区域
内,孩子正面临着他的问题,不是你的,说明孩子的需求没有
得到满足,正受挫、沮丧着。当你本身不拥有问题的时候,你
可以关心和协助孩子解决他们的问题,你可以学习当你的孩
子拥有问题的时候,你如何去协助他。

(2) 成长过程是一个学习过程

① 孩子所做的或遭遇的每一件事,都对他的将来有所
影响。

② 孩子从发生的事情中学习,从而懂得处理将来遇到的
同样事情。

③ 孩子尝试各种不同的做法,是想去找出其中最好的
一个。

④ 孩子要不断尝试新的方法,才能知道哪一个是最好的。

⑤ 孩子的生活中充满好奇,正是为了学习如何掌握得
更多。

（3）应该帮助而不是替代孩子成长

①代孩子做孩子该做的事便是企图替代孩子成长。

②任何替代孩子成长的企图，最终都会在孩子的身上产生负面效应，孩子学不到，会依赖和缺乏自信。

③孩子在成长过程中学不到该学的东西，长大后要付出很大的痛苦代价。

④父母代孩子做孩子该做的事，不会得到孩子的尊敬。爱依赖的孩子只会对父母抱怨及挑剔。

⑤鼓励和引导孩子做他自己的事，是最有效帮助孩子成长的方法。这样，孩子才能够成长得有能力和可以照顾自己。

⑥孩子的自发性、积极态度、自律，都与这点有关，因为这些都需要从"自己做自己的事"中培养出来。

5分钟亲子范例

你是否有孩子烦你也烦，或者做错了事你特别生气，把孩子的情绪烦恼接过去加上自己的情绪，从而转移话题目标呢？

例如，吃饭的时候孩子还没吃完就突然站了起来想去卫生间，不小心把旁边的水杯给弄倒了，看孩子失误把水给弄洒了，妈妈的怒火一下子就上来了。

妈妈：你为什么这么不小心呢？

孩子：我怎么了？

妈妈：你还装作不知道？"

像这样的责备只是单纯地怪罪孩子,因此没有告诉孩子做错事时应该如何行动,只是一味地指出错误,对孩子来讲他会不理解父母为什么会有这样的反应,自己为什么要受到责备,因此错误不会被改正,以后反而产生想逃避责罚的心理。从父母那里没有学到什么是对什么是错的孩子,每件事情上都会被指责,自尊心会受到影响,也不知道根据不同情况自己应该如何行功,最后会使他们成为有不安情绪的散漫的孩子。如果没有行为调节能力,对小事也容易烦恼,并且按照自己的情绪做出行动,就会给周边的人带来不便,并且对朋友关系或其他人际关系也会产生消极的影响。

（1）首先要观察他心烦的原因是什么

妈妈:宝贝,你没有吃完饭就站起来,有什么事吗?

（2）满足孩子的合理要求

孩子:我突然想上厕所了。

如果是因为孩子的合理需求没能得到满足,那就让我们满足他吧!比如因为饿了在那边发脾气的话,那就给他零食;如果是天气太冷或太热,摸一摸孩子的手和脚或者脸庞做出判断,并给他们减去衣服或增加衣服,提供给他们所需的;如果心烦是因为疲倦或身体有病,就让他们休息:

（3）如果不能满足孩子的要求,去读懂孩子的心灵

妈妈:宝贝有什么不舒服吗?你都没有注意水杯倒了。

　　我们要注意,看到父母先发火,孩子也跟着发脾气,这对改变这种状况没有任何帮助。发脾气的孩子自己心里肯定也不好受,他们也想修复好心情,但是不知道方法,所以只好用发脾气来表达自己的内心。如果这时父母跟着一起发脾气的话,孩子们看到父母紧张的模样,会担心甚至感到不安。相反,如果父母不发脾气,能理解孩子的内心,并且告诉他们能够缓解这种状态的方法,他们就会学会,人偶尔也是会发脾气的。如果心烦的话,把心情调整一下就可以了。正确的事是要教会孩子对与错。要接受孩子所感受到的情感,但同时要让他明白错误的行为是绝对不会被接受的。做出错误行动时,要告诉他做错了什么,应该如何去做,并且下次发生同样情况时,帮助孩子能够做出正确的行动,这才是教育引导的目的,整个过程中注意温和平缓的语气。

　　(4) 告诉孩子他的错误行动和因此带来的结果

　　妈妈:这么着急站起来的话,可能会把旁边的水杯弄倒,或把碗给弄碎的。

　　(5) 教导孩子如何改正错误的行动

　　妈妈:那么,吃饭的时候站起来是好的还是不站起来是好的呢? 先不站起来,等吃完饭以后慢慢站起来不是更好吗?

　　(6) 告知正确的行为

　　妈妈:如果中途想要站起来的话,小心一点儿就是了,免得旁边的东西掉了。

(7) 与孩子一同解决问题

① 小一些的孩子建议解决方法

妈妈：今天失误把水杯给弄倒了，快去洗手间拿抹布把洒掉的水擦干净吧。

② 大一些的孩子把弥补的措施留给孩子

妈妈：宝贝，水杯倒了，水撒了一地，你看怎么办呢？

5 分钟亲子对话

父母、孩子一起需要帮助孩子解决问题时，首先去做的一件事情就是把"不要去做的行为"的表述，改为"希望去做的行为"。前者是"问题"，后者是"目标"，把"问题"变成"目标"，孩子去做的行为，这时要最大限度地做出具体的、阶段性的实践事项，列出具体步骤，当然孩子也认同，其目标实现的成功率才会提高。

(1) 孩子日常礼仪的问题

例如：别人说话时不要在中间插话。

尝试：

① 等别人把话说完。

② 中间有想说的话举手说"对不起，我有想说的话"，得到允许后再去说。

练习:客人来了,孩子在客厅里嬉笑跑来跑去。

尝试:＿＿＿＿＿＿＿＿＿＿＿＿＿＿＿＿＿＿＿＿＿

(2) 孩子自身的管理问题

例如:早上上学时经常遗忘学习用品。

尝试:①晚上睡觉前把第二天要带的东西跟妈妈一起提前准备好,放到书包里。

② 做一个准备物品表格,一一确认有没有遗漏的东西。

练习:孩子总是把作业忘在学校里不带回家。

尝试:＿＿＿＿＿＿＿＿＿＿＿＿＿＿＿＿＿＿＿＿＿

(3) 不能遵守父母的要求

例如:睡觉时间到了父母请孩子去睡觉,孩子不太愿意。

尝试:①将每晚 9 点定为睡觉的时间。

② 就寝 30 分钟前即 8 点半妈妈会提醒"该做睡觉的准备了"。

③ 听到"该做睡觉的准备了",孩子要马上去卫生间洗脸、刷牙、洗澡、穿睡衣。

④ 做好睡觉的准备,拿一本想看的书到床上躺好。

⑤ 妈妈坐在孩子的床边读书或讲故事聊天到 9 点。

⑥ 点到了说声晚安后妈妈关灯出来,孩子睡觉。

练习:孩子在吃饭的时候一定要看电视。

尝试:＿＿＿＿＿＿＿＿＿＿＿＿＿＿＿＿＿＿＿＿＿

5 分钟亲子互动

下面是父母对孩子的行为检测表,请选择并填写一下。

(1) 在涂色游戏中,孩子想用蓝色来涂人的脸庞。（　　）

① "人的脸不是蓝色的,得用肉色去涂。"这样去告诉孩
子正确的颜色。

② "人的脸是什么颜色来着？看看妈妈的脸,你觉得像
什么颜色?"通过这种提问,帮助孩子自觉挑选颜色。

③ "原来这人的脸是蓝色的。为什么会选择蓝色呢?"先
问孩子的想法,聆听孩子的说明并表示赞同。

(2) 孩子拿过来童话书让你给她读的时候。（　　）

① 你说:"你坐在这儿给妈妈读吧?"

② 给孩子读童话书的过程中发现没什么意思时说道:
"妈妈觉得这本更有意思,我们来读这本吧!"然后拿
其他的书给孩子读。

③ "原来想读这本书啊！那我们来看看这是什么故事。"
说着给孩子读她挑选的童话书。

(3) 跟孩子一起玩时。（　　）

① 认为这是教育的延续,希望孩子通过活动学得多一
点,因此最大限度地多教孩子。

② 为了培养孩子的创造性,经常提一些能够刺激其想象
力的问题。

③ 不管什么活动,在玩的过程申询问孩子的想法,去聆

听和了解孩子的心思。

（4）跟孩子沟通时的声音是：（　　）

① 安静地说话。

② 以严肃或者兴奋的声音尽量大声地说。

③ 如果孩子小声说话，就跟着小声地说，孩子大声说话
则跟着大声地说，会去迎合孩子。

（5）孩子执意要在屋子里骑自行车时。（　　）

① 放任孩子做其想做的。

②"在屋子里不能骑自行车，不许骑！"训斥后不许孩
子骑。

③"想骑自行车是吧？那去外面的游戏场骑着玩吧！"指
导孩子在户外骑自行车。

（6）关于父母与孩子的沟通时间，你觉得。（　　）

① 孩子多做作业，多看书要比跟父母沟通更有效果。

② 即使很累，父母花时间陪孩子沟通最有效果的。

③ 每天哪怕 10 分钟，父母与孩子持续地留有一对一沟
通的时间是有效果的。

评分方法：把答案的数字加起来计算分数

＊6—9 分和孩子联结沟通少的父母

＊10—14 和孩子联结沟通一般的父母

＊15—18 和孩子联结沟通多的父母

A. 和孩子联结沟通少的父母

你对和孩子在一起沟通有很多误解，虽然想跟孩子在一
起，但往往因为不知道沟通的方法而感到困难。把父母的欲

望放在首位,期望孩子随着父母的心意,而不是理解孩子的内心。认为沟通活动等应该是教育性的,因此孩子和父母往往认为在一起的时间无聊、不快乐。

B. 孩子联结沟通一般的父母

你很想跟孩子在一起,也付出很大的努力,但往往感到挫折。对孩子的责任感很强,所以试着做这做那,但孩子不去跟从让你感到很郁闷。知道活动沟通的重要性,如果站在父母的立场上觉得不合适或者以错误的方式去玩,会不惜指责孩子,因此孩子只能玩一些父母允许的活动,不能按自己的意愿去玩,往往觉得自己的欲求被拒绝了。

C. 和孩子联结沟通多的父母

你具有正确的沟通联结知识,注重跟孩子的交流,努力了解孩子的内心,不会把父母自己的感受放在首位。即使孩子想做的事情在父母看来不合适,但父母也会试着先去满足孩子的欲求。孩子表达自己的内心时,不会表示拒绝而是去赞同,并仔细地观察,如果孩子想做,尽量给他创造环境。

5 分钟亲子活动

(1) 放大镜

准备好的玻璃纸和黄板纸。准备不同颜色的玻璃纸,是为了能让孩子各选出一个自己喜欢的颜色和不喜欢的颜色。在黄板纸或厚纸上画出两个放大镜模样的图案,并剪出来。这时放大镜的形状可以是方形的,或者三角形的,或者是心形的。剪出放大镜后，上面贴上孩子所选的玻璃纸，就制作完成了两个放大镜。和孩子说：用喜欢的颜色做成的放大镜，只会看到好的一面，而且只会想到好的，但是用不喜欢的颜色做成的放大镜看世界的话，只会看到不好的一面，所以只会想到不好的事情。

和孩子聊聊最近让他伤心的事，然后请他用不好的放大镜看，用这个看的话，只会看到不好的事情，问他用这个不好的放大镜看，会有什么想法呢？等孩子表述完之后，请他换一个放大镜，看同样的情况，用好的视角去看的话，能变成什么样的好的想法？并且一直关心过程中孩子的心情，在这个过程中支持孩子，告诉他这世界上的所有事情都有好的一面和不好的一面，我们拿什么样的放大镜什么样的视角去看，会决定我们所看到的是好还是坏。让我们帮助孩子把错误的想法改成积极的想法吧！

（2）好帽子和坏帽子

用报纸或大张图画纸跟孩子一起制作帽子的效果更好。可以用报纸折叠成小木船模样的帽子，也可以将几张图画纸剪下来粘贴做成圆边帽或者制作只属于自己的特殊的帽子。完成两顶帽子以后，在第一顶帽子上面写"好帽子"，在第二顶帽子上面写上"坏帽子"。

制作一个目录，写下孩子平时发脾气的情况，并逐条讲给孩子听。这时，把各种情况写在纸条上后，折叠放进一个盒子里，抽签一个一个拿出来读，会增加活动的趣味性。

回答的时候,让孩子戴上和行为配对的帽子回答。也就是说,在讲述好行为时戴上"好帽子",讲述坏行为时则戴上"坏帽子"来回答,这时帽子就成为了帮助孩子将各种情况可视化的工具。玩的时候,孩子和父母轮流回答,重要的是家庭所有成员的参与。如果孩子自己一个人在那里说好行为、坏行为,不但影响趣味性,而且孩子为了想出恰当的答案会感到困惑。通过这个过程,孩子会学到什么样的语言和行为是对的,当给孩子提供纠正错误行动的机会时,孩子也会产生自己要做正确行动的心理。

第二节 父母的问题

5 分钟心灵故事

读了台湾大学张文亮博士的《牵一只蜗牛去散步》,内心不由被作者传达的思想所震撼。在我教过的学生中,曾有这样一波学生,我和他们说过的话常常许多孩子不是不清楚就是忘到了九霄云外,每天的作业将近有 10 个左右的孩子晚上不写家庭作业;上课提到的问题、知识和技巧,知道的真是寥寥无几。一个问题抛出来,课堂上常常是鸦雀无声,我的感觉就像文中所说:"我催他,我唬他,我责备他,蜗牛用抱歉的眼光看着我,仿佛在说人家已经尽全力了! 我拉他,我扯他,我甚至想踢他,蜗牛受伤了,他流着汗,喘着气,往前爬。"就这样,在牵着"蜗牛"散步的过程中,我也像蜗牛一样流着汗,喘着气,累得筋疲力尽。后来,当我看到"蜗牛"跟不上自己过快的步伐时,也只好慢了下来,反思自己走过的每一步,我开始从培养孩子基本的能力入手,收集孩子经常犯的错误,分析原因,对症下药,查阅各种资料,教给孩子技巧,我不厌其烦地让孩子在训练中发现问题,解决问题,提高表达能力……慢步中,终于,我闻到了一点花香,我感到微风吹来,我听到鸟叫,我听到虫鸣。孩子们在悄然无声地变化着,一些写字经常留"雀斑"的孩子作业干净了,整齐了。哦?原来,带"蜗牛"散步的路上还有这么美妙的风景,而我却只顾埋怨,忘记了抬头欣赏。

想起以前,回家以后,疲劳的我把爱都奉献给了班上的孩子,就没有心情再照顾自己的孩子,孩子更多面对的是我这个教师妈妈厌倦的情绪和烦躁的心情。她不知所措,我也时常后悔。直到接触了父母效能训练,读到这首诗《牵一只蜗牛去散步》,我才幡然醒悟,我的孩子也需要我的慢慢关怀,每个小小的举动,每一次小小的成功,她都需要妈妈的支持和安慰。孩子的爱难道不是我的幸福吗?她的慢慢渐渐教会了我留意生活的美好,从任务完成到享受每一个当下,于是我觉察自己在改变,如果你放慢速度,可能分分秒秒都是在收获着快乐。我越来越喜欢做妈妈的感觉,有一颗包容和体谅的心。微笑着面对孩子,用温柔的眼光来看待她的慢慢成长,我明白了妈妈的身份,快乐和老师不一样……

感谢能给予我机会做老师,感谢我的孩子让我成为妈妈,和"蜗牛"一起散散步,你一定会发现许多平时没有注意到的美丽。人生不能一味匆匆赶路,那会使你错过很多东西的美好。

附:《牵一只蜗牛去散步》

上帝交给麦克一个任务,叫他牵一只蜗牛去散步。可是蜗牛爬得实在太慢了。麦克又是催促又是吓唬又是责备,可蜗牛只是用抱歉的目光看着他,仿佛在说:"我已经尽全力了!"麦克又气又急,对蜗牛又拉又扯又踢,蜗牛受了伤,爬得越发慢了。麦克真想丢下蜗牛不管,但又担心没法向上帝交代。他只好耐着性子,让蜗牛慢慢爬,自己则以一种接近静止的速度跟在后面。就在这个时候,麦克突然闻到了花香,原来这里是个花园。接着,他听见了鸟叫虫鸣,感到微风拂面的舒适。后来,麦克还看到了美丽的夕阳、灿烂的晚霞以及满天的星斗。麦克这才体会到上帝的巧妙用心:"他不是叫我牵蜗牛去散步,而是叫蜗牛牵我去散步呀!"

5 分钟"效能训练"

(1) 行为四角形——父母拥有问题

可接纳区	小孩拥有问题	协助小孩自行解决问题的技巧
	无问题区	加强亲子关系的技巧及方法
接纳线		
不可接纳区	父母拥有问题	当父母无法接纳孩子行为时的处理技巧
	双方拥有问题	解决冲突的技巧,让双方需求都得到满足

孩子的行为造成了你的困扰,你的需求没有被满足,这时

你会感到生气、焦虑、挫折、心里不舒服等,你无法接纳孩子的行为,是你拥有了问题。

(2) 有意识地教育

如果我们注意的话,就会注意到,孩子何时触到我们的痛处。并不是孩子表现幼稚,而是因为他们就是幼稚的孩子。这正是他们那个年龄段的行为。对于镇静、温和、幽默心态的父母来说,让一些父母烦恼的事情,正是他们所欢迎的。这种心态可以正确引导孩子的行为。当孩子"激怒"我们的时候,正是我们遭遇心理障碍的时刻。这并非玩笑。每当孩子按下你的情绪按钮时,他只是在提醒你童年时期没有解决的问题。

(3) 暂停按钮打破循环

我们不能以孩子为对象,重复自己童年的历史。即使你已经在错误的道路上走了很远,也要马上停止。深吸一口气按下暂停按钮。除非你决心选择另处选择道路,否则提醒自己即将发生的事情。闭上嘴巴,即使说了一半。不要感到尴尬,你在积极控制愤怒,为孩子树立榜样,忍受尴尬,才不至于怒不可遏。

(4) 了解情绪的工作机制

愤怒是一种信息,告诉我们生活出了问题。如果我们受"愤怒"化学反应的控制,就会说一些过头的话,做一些过头的事,这些是我们在理智状态下绝对不会做的。如果你的身体和情绪处于"要么战斗,要么逃跑"的状态,你的孩子就会永远如同你的敌人。所以,务必深吸一口气,让自己安静下来,然后再做决定,或者采取行动。

(5) 按下自己"故事"的重拨键

对于你的痛苦童年,你是无法改变的。你能做的是,需要从成年人的视角重新梳理这段历史,要意识到你的生活很幸福,父亲的离去对你没有任何影响。如果母亲曾经打过你,使你认为自己是个坏孩子,你应该更深入地意识到,妈妈当时非常担心,即使你是世界上最优秀的天使,她也无法控制自己。你和任何孩子一样:仅以自己所知的方式寻求关爱和关注。接受自己的故事,重新改写,是一个痛苦的过程。但这是一种解放,也是成为平和父母,实现快乐育儿的唯一途径。

(6) 释放压力

当我们承受巨大压力,并希望成为优秀父母时,都会经历一段艰难时光。我们应该养成一些有助于释放压力的习惯:经常锻炼、瑜伽、洗热水澡和冥想。没有时间吗?让全家一起参与。一起倾听音乐,一起跳舞,一起散步,星期五晚上早点儿上床,在安静中放松身心,弥补睡眠不足。

(7) 寻求支持,解决老问题

每个父母都需要支持,都需要向他人倾诉自己的艰苦工作。有时,我们可以以非正式的方式向亲朋好友讲述。有时,以较为正式的"倾听伙伴"方式,向另外一位父母倾诉,可能会给你带来极大帮助。如果你感到无助,找一位顾问帮助你摆脱困境,更加快乐地生活。寻求帮助并不难堪,真正难堪的是放弃身为父母的责任,伤害孩子的身心健康。如果你认为自己需要帮助,请不要犹豫,马上行动。

没有哪位父母是完美的,因为人类本身就是不完美的。无论我们如何努力,也不可能永远从正面影响孩子。但是,每当你关注他们,按下内心的暂停键,控制压力,你就会变得更加平和。这样,你的孩子就会获得一次拥有幸福的机会。孩子并不需要完美无瑕的父母。他们需要的是拥抱成长、弥补缺陷、敞开心扉的父母,而不是一味地冷酷。

5 分钟亲子范例

看到孩子的行为没有按照我们的要求和期待,可能会内心不爽,先急着要纠正,然而效果适得其反。

妈妈:你赶紧给我……,不然的话,……

爸爸:你听到没有?我和你说过多少遍了……

然而父母们会发现,孩子的大脑和我们不同,在他们的名单上,父母的名次相当靠后,更不用说听我们的话啦,这让父母颇为尴尬。即使蹒跚学步的孩子,关心的事情也与我们不同。他们也不明白为什么自己总是会做错事,经常会让父母都不高兴。而父母们也并不了解和思考过这样的话题。可以与孩子先建立联系,再试图纠正。

(1) 吸引孩子的注意力

主动与孩子接近,触摸他。看着他的眼睛,直到他抬起头来。然后,开始讲话。

妈妈:我能告诉你点儿事情吗?

(2) 言简意赅

大多数父母讲话太多,弱化了要传递的信息,失去了孩子的注意力。

爸爸:我希望你做作业的时候把头抬起来。

(3) 从孩子的视角看待问题

如果你正忙着做自己喜欢的事情,你的伴侣命令你停下来做另外一件对你不重要的事情,你会有何感受?但如果你赞同他的观点,效果就会大为不同。

妈妈:宝贝我知道,现在很难停下来,亲爱的。但是,我需要你……

(4) 寻求合作

没有人喜欢听他人直接下达命令。所以,要语气温和,给出选择。

爸爸:现在该洗澡了。你是想现在去,还是过 5 分钟去?好的,说定了,5 分钟,好吗?我们拉钩。

（5）要安慰，不要责备

如果你的目的是行动，不要浪费时间思考你第一次要求时他们为什么不听你的话。这样做，只能让大家心情更加糟糕。当我们情绪波动时，孩子就会关注我们的情绪，忽视我们传递的信息。

爸爸：宝贝，现在我们上车吧！

（6）活动要简单放权

要求孩子们做的活动越多，你作为操练官的可能性就越大。先做榜样，经过善意的提醒，练习，经过一段时间，他会对这些事情担负起责任来。你的职责仅限于提出问题。

妈妈：离开家之前，你还要做什么？我们来检查一下。

（7）做专心倾听的榜样

如果孩子向你讲述白天发生的事情时，自己眼睛却在盯着自己的手机或者干自己认为重要的事，你这是在教他如何处理家庭交流。如果你真的希望孩子听你讲话，就要放下手头的事情，专心讲话。

爸爸：好的宝贝，现在我正听你说呢！

5 分钟亲子对话

你是否担心，如果不以后果威胁，如何确保孩子的行为正确？下次，当孩子拒绝你的要求，而且你发现自己即将表达威胁时，可以尝试下面一些答复方式。请牢记，开始说话前，首先深吸一口气镇定下来，让大家都有思考时间。

（1）例如：让孩子解决刷牙和讲故事冲突的问题。

尝试：你还没有刷牙，我希望我们有讲故事的时间。我们应该怎么办？

练习：让孩子解决想吃点心和做作业的问题。

尝试：_____

（2）例如：出门前赋予孩子一定的权利。

尝试：每天早晨，我们吃饭、刷牙、上厕所、装背包。我看到你把背包装好了，这很好！在我们出发前，你还需要做什么？

练习：让孩子安排他晚上做作业和玩耍洗漱的时间顺序。

尝试：_____

（3）例如：对没有听你要求做作业的孩子进行重新要求。

尝试：我告诉你做作业时间到了，但是你没有听。于是，我向你吼叫了，对不起。让我们重来一遍吧！

练习：对没有听你让他吃饭的孩子进行重新要求。

尝试：_____

（4）例如：让孩子自己决定是否要出门。

尝试：你不想出门？好的，我们还有时间，等你准备好了再出门。等你的时候，我要读一会儿书。

练习：让孩子自己决定是否要上车。

尝试：_____

5分钟亲子互动

设定限制是父母教育孩子的一个核心部分。限制可以确保孩子安全、健康,帮助他们学习社会行为规范,使他们在社会上快乐地生活。如果我们以温和的方式设定限制,孩子也更有可能培养自我设定限制的能力,也就是我们通常所说的自律能力。

(1) 先完成如下的表格

现 状	你的选择"√"	评估的建议
尽管你从未提高嗓门,提出威胁,或者实施惩罚,当你对他有要求时,你的孩子是否会马上表示服从?		非常有经验且设定限制做得非常到位。
在你多次提醒、讨价还价以及偶尔发脾气以后,你的孩子是否经常最终服从你的要求?		属于正常状态,经过一定训练,改进育儿技巧,发火次数会进一步减少。
你的孩子是否漠视你的每一个要求,让你频频大呼小叫?		你和孩子之间存在沟通问题,不属于设定限制的范畴。你应该设法修补你与孩子的关系,让孩子愿意与你配合。

这是为孩子设定限制的最重要秘诀。你不可能让任何人做任何事情。你的孩子之所以服从你的要求,是因为他与你存在密切关系,他对你非常信任,也很爱你。当然,另外一个选择是恐惧,但是这种方法只会暂时有效。由于你不得不升

级威胁程度,恐惧的效果会越来越弱。相反,从长远来看,关爱才是更加有效的行为动力。

(2)有效设定限制

① 看着孩子的眼睛,抚摸他,吸引他的注意力,孩子的反应_____。

② 表情镇定、和善,并表现出真挚的神情,孩子的反应_____。

③ 通过提供选择,消除孩子被"强迫"的感觉。"你想现在进来,还是过5分钟再进来?"孩子的反应_____。

④ 如果孩子对你的限制又哭又闹,要耐心倾听他的感受,孩子的反应_____。

⑤ 如果一切无济于事,尝试拥抱,孩子的反应_____。

(3)如何帮助试探限制的孩子

任何思维正常的孩子都会试探你设定的限制,这是他的天性。孩子试探限制最常见的原因是他们非常想知道限制到底位于何处。孩子需要有安全感,知道有经验更加丰富和知识更加渊博的人在为他警戒。如果我们不对他实施引导和支持,他们就不会感到安全。这就是为什么我们经常说,孩子总是不断地试探,直到他们发现我们真正的限制。

① 孩子非常想要某种东西。我们尝试这样帮孩子:

＊对于非常重要的规则,我们应尽量保持一致。

＊换位理解。

＊让他通过想象满足自己的愿望。

＊让他自己转移注意力。

和孩子聊一聊他的感受＿＿＿＿＿＿＿＿＿＿＿。

② 孩子感觉,他有必要管理过分压制他限制意识的事物,我们尝试这样帮孩子:

＊了解让他采取行动的诱因,在他实施错误行为前,及时干预。

＊注意他释放的混乱信号,在他还没有彻底崩溃前,利用玩笑和沟通方式,释放内心压力。

＊每天用 15 分钟时间与他进行随意的"特别时光"游戏,以便他遇到问题后,能表现出更好的情绪弹性。

③ 他有一些无法表达的未能满足的需求。我们可以关注孩子的需求以积极回应为他们提供帮助:

＊一个活跃的孩子需要一段时间的运动以释放积累的能量。

＊一个很容易受到过度刺激的孩子需要大量安静时间。

＊如果你有几个孩子,每一个每天都需要有与你单独相处的时间。

5 分钟亲子活动

(1) 家人扮演

家人之间可以互换角色扮演活动。比如说爸爸扮演妈妈,妈妈扮演孩子,孩子扮演妈妈等,父母扮演的孩子就有机会表示拒绝、苦恼和大发脾气。让扮演妈妈的孩子"让步",让扮演妈妈的孩子获得乐趣,但又不失笨拙。孩子会从活动中获得无穷乐趣。然后,交换角色重新表演。要让表演过程充满乐趣,不时欢笑,缓释紧张的情绪。在表演中,要加入孩子穿着睡衣上学或者妈妈身穿睡衣去上班的情节,或者孩子不得不对着妈妈大喊大叫,催促她快点儿准备的情景。让孩子充分发挥自己的想象力,你可能了解到处理问题的更加有效的办法。几乎可以肯定的,慢慢地,你会发现孩子更善于理解和配合。

(2) 迎接挑战

使用一个填充玩具小动物扮演父母,让另外一个小动物扮演孩子,模仿孩子在真实情境中面临的挑战。利用小动物表演,可以稍稍远离现实,让孩子舒服一些。如果有孩子希望自己表演(而不是利用填充小动物或者其他替代品)。"让我们假设,你是老师,我是学生。"或者"让我们假设,你是医生,我是病人。"利用这些给孩子带来众多压力的情景做游戏,可以让他们感觉有能力控制自己的情绪,使他们成为主动方,而不是在现实中被动无助或感到羞耻的小孩子。

第三节 双方的问题

5分钟心灵故事

一只母鸡和一只公鸡,生了一大群小鸡。它们为了喂养自己的孩子,每天都跑出去捉虫。孩子太多了,它们无论怎么努力,都不能照顾到所有的孩子。所以当麻雀妈妈来到家里想帮忙喂养孩子时,它们将几个孩子托付给了麻雀妈妈;当花鹅大婶想来帮忙时,它们也把其余的孩子托付给它,自己跑到很远的地方去捉虫。

鸡妈妈离开家后,每一天都后悔不已。它万分自责,非常心疼自己的孩子,它跟鸡爸爸商量一定要回去照顾孩子们,鸡爸爸无论怎么劝说,也不能阻止它,只好由它先回家去。

鸡妈妈跟跟跄跄地跑到麻雀阿姨家、花鹅大婶家,把自己的孩子都领回了家。它总觉得孩子饿瘦了,变丑了,怎么看都不对,就把孩子们都关在家里,小心呵护,不让它们受一点儿委屈。孩子们在家里衣食无忧,鸡妈妈却越来越辛苦,它无论怎么忙也顾不过来一大群孩子。并且随着孩子们长大胃口越来越大,鸡妈妈实在太累,很快就病倒了。可它不理孩子们想出去自己觅食的请求,更不听邻居们的劝说,坚持拖着病重的身体去觅食,直到完全动不了为止。孩子们饿坏了,围着妈妈吵成一团,它们甚至不知道怎么觅食,到哪里觅食。鸡妈妈心里着急,病得更重了,躺在家里动弹不得,只能跟着孩子们一起落泪挨饿。

就在这时,鸡爸爸拖着一大袋食物回来了。帮孩子们暂时填饱了肚子之后,鸡爸爸把孩子们叫到一起,告诉它们:从今天开始,爸爸要教你们自己去找食吃,不管你们是否愿意!孩子们被爸爸的威力吓住,乖乖地跟在爸爸身后去学本领。终于,它们都为自己找到了食物,发出了欢快的笑声。

鸡妈妈到这时才明白:教给孩子们活下去的本领,才是给予孩子的最好的爱。当它放下心病走出家门时,看到了各自欢快觅食的孩子们。

5 分钟"效能训练"

(1) 行为四角形——双方拥有问题

可接纳区	小孩拥有问题	协助小孩自行解决问题的技巧
	无问题区	加强亲子关系的技巧及方法
接纳线	父母拥有问题	当父母无法接纳孩子行为时的处理技巧
不可接纳区	双方拥有问题	解决冲突的技巧,让双方需求都得到满足

当你不接纳孩子的行为,双方的需求或者解决方法上存在冲突,这是"双方拥有问题区域"。

(2) 创造一个没有责备的家庭

出现问题时,我们都会出现责备他人的欲望,与纠正错误相比,责备只能让所有人神经紧张,更加小心谨慎,甚至导致攻击心理。当孩子受到责备后,他们会找出各种理由,证明不是自己的错,至少他们在心里会这样想。因此,他们不会承担责任,问题也会更容易重复。更为糟糕的是,责备会促使孩子撒谎。责备只是寻找一个发泄愤怒的目标,永远无助于事件的解决。我们还可以说,责备是无条件的爱的对立面。

而作为父母我们为什么要责备呢? 为了缓解失去控制的感觉,以及无法承受我们对事件也负有责任的心理——不论这种责任有多大。我们可以思考下列方法：

① 马上停止

深呼吸。对现实不再抱有抵触心理，消除责备他人背后的根本动因。我们应该接受现实。与责备相比，以接受现实的状态面对问题，你总能想出更好的解决办法。

② 尽可能接受责任

强调你的责任是一种好做法，同时不过分自责，事实上，我们应该承担的责任始终要高于我们愿意承认的程度。你承担的责任越大，孩子的抵触情绪就越弱，他在内心愿意承担的责任也就越大。最终，他会明确表示愿意承担责任。

③ 寻找解决办法

要努力寻找解决办法，家庭环境将会更加积极向上，因为你的注意力放在了如何解决问题，而不是挑剔他人的错误上。此外，你还要训练孩子解决问题的能力，采取更加积极的心态，勇于承担责任，改善现状。

（3）培养责任心

所有父母都希望培养有责任心的孩子。我们应该如何培养孩子对自己的选择和对世界的影响承担责任？孩子不喜欢我们一味地溺爱他们需要感觉自己对这个世界很重要，他们的一生将做出积极贡献。孩子需要认识自己的责任心，对需要做的事情，做出有意义的回应。责任心可以确保他们的自尊和生活意义，使他们以负责人的方式处理客观世界遇到的问题。

① 为孩子提供机会,让他们为公共利益做贡献。承认他的贡献。随着年龄的增长,孩子应该培养两种责任:自我照顾和为家庭做贡献。与只关心自己利益的孩子相比,习惯在家帮忙的孩子更容易在其他情况下提供帮助。

② 与孩子一起工作。你的责任并不是完成某项工作,而是为了培养一个乐于奉献和勇于承担责任的孩子。要设法让这一过程充满乐趣。尽可能多地为孩子提供组织结构和手把手的帮助,包括和他们坐在一起。虽然与孩子一起合作比你独立完成某件事花时间更多,但是最终他一定会养成独立做事的能力。

③ 不要简单地发号施令,鼓励孩子思考。这样做的目的是,让孩子注意自己的安排,每次都坚持执行,直到他牢记在心,主动管理自己的日常生活。孩子陷入困境后,不要匆忙提供帮助。帮助孩子解决问题,帮助他们克服情绪障碍和恐惧,确保他们不会回避困难。但是,在每个阶段提供帮助的同时,要让他们独立处理问题。

④ 树立责任和义务的榜样。通过父母的示范作用,孩子可以学会承担责任。如果你不能兑现为孩子做过的承诺,那么他为什么要遵守诺言呢?

⑤ 永远不要给孩子贴上不负责任的标签。我们对孩子的看法都是自我实现的预言。相反,我们应该教给他们承担责任所需的技能,他们不仅拥有做人的权利,还拥有做人的义务。在任何情况下承担责任的人,都愿意将自己视为与众不同、出类拔萃之人。我们应该将孩子培养为这样

的人。

（4）培养良好判断力

没有人天生具有良好判断力和明智决策的能力，这些品质需要通过经验和思考才能培养起来。我们要让孩子获得决策经验，确保他对决策结果进行思考。

① 熟能生巧。在孩子学会说话前便让他练习选择，这样他会更容易进行决策。

② 示范并了解孩子的控制范围。在孩子很小时，便让孩子了解制定决策的方式和原因。同时理解他的决策权利，以及作为父母在哪些方面应该实施控制。

③ 帮助孩子彻底思考，他的选择是否可能存在反复。同样重要的是，为他提供机会，帮助他思考如何实施自己的决策，这是培养良好判断力的方法。

④ 允许孩子制定错误决策。每个错误决策都是一个思考和发展良好判断力的机会。前提是，事后你要帮助孩子思考，如果采取不同选择，结果会有什么不同。

5 分钟亲子范例

在和孩子交流的过程中，双发各自的需求点不同，会在交流中有冲突和盲点，随着年龄的增长，孩子越来越不能接受父母的简单指挥和吆喝。

妈妈：你要听我们的话，不会吃亏的，我们都是为了你好。

爸爸：你总有一天会明白我们的苦心，现在吃苦是为了将来获得幸福的生活。

孩子：……太无聊了。

大约从 6 岁开始，肾上腺开始向大脑输送 DHEA 和其他激素，标志着肾上腺机能出现或童年中期开始。大脑随之发生的变化与理性思维的大幅提升存在联系，包括控制情绪冲动、计划和评估后果的能力。

（1）示范

你需要以明确方式指导孩子获得更加复杂的技能，包括如何拒绝社交邀请，如何处理繁琐的家务等。在这段关键时期，你应该开始尽可能清晰地向他示范你的价值观。

爸爸：我有点儿羡慕单位里的那个获得最佳员工同事，我还没有获得过荣誉称号，然后他成为了我的上级，但是，我要向他学习更加努力，所以我会真诚地向他祝贺。无论处于何种职位，我都会尽力做好。我会认真协助他工作，我会竭尽所能。所以告诉我你的想法，我会尽力支持你的。

（2）提供工具和策略

由于童年中期大脑发育和自律精神的建立，使这一时期成为帮助孩子养成良好习惯和策略的最佳阶段，这些习惯和策略将影响他们的一生。包括做家务和写感谢信，面对困难坚忍不拔的精神，探索的好奇心，乐观认识世界的品质。

妈妈:孩子,无论何时,都要保持一颗对世界的好奇心,而且明白,办法总比困难多,当你没有办法的时候,需要多学习去认知更多的可能性。你现在遇到了什么困难? 有没有想过什么办法?

（3）排序

除了帮助孩子学习自我调整,建立积极高效的生活习惯,安排时间还能帮助他们培养"行政"技能,包括基于某些标准进行规划、组织、贯彻、完成任务等。虽然有人天生善于处理这些问题,但是日常活动和其他形式的时间安排,都有助于孩子培养这些能力。

爸爸:和每天一样,首先吃东西,然后做作业,最后出去玩。永远要先做作业,然后才能玩。

（4）情绪支持

上小学以后,孩子乱发脾气的现象会逐步减少。父母可以调动更高层次的大脑功能,帮助他们重新理解情绪调整问题。这正是所有孩子取得进步的障碍。随着时间流逝,孩子会适应自己的感受,可以克服各种障碍,不再挣扎,勇敢面对恐惧。直面恐惧对于解决问题至关重要,同时也能帮助我们在情绪上有信心确立自主性。

妈妈:好了,宝贝我们不闹了,到这里来,我们应该要做作业了! 现在,你要坐下来,开始写作业。哇,我可不希望你的手靠近我的脸。来,我伸出手,你来推吧!

5 分钟亲子对话

父母要从自己的角度灵活地站在孩子的角度去理解思考,放下自己的身为家长的固有情绪,帮助孩子成长,孩子自然也会同时给予你相当的礼物。

(1) 找机会让孩子看到全新的自己

例如:孩子同意一起去看奶奶。

尝试:宝贝,你虽然想留在家里和朋友玩,但还是同意和我们一起去奶奶家,你很体贴别人,妈妈很感动。

练习:孩子愿意帮助妈妈做家务。

尝试:＿＿＿＿＿＿＿＿＿＿＿＿＿＿＿＿＿

(2) 制造机会,让孩子另眼看待自己

例如:家里每个人想去不同的地方就餐。

尝试:家里每个人都想去不同的餐馆,宝贝,你来想个办法,打破这个僵局。

练习:每个人想去不同的地方旅行。

尝试:＿＿＿＿＿＿＿＿＿＿＿＿＿＿＿＿＿

(3) 让孩子无意中听到你对他们的正面评价

例如:和伴侣聊一聊孩子关于解决下雨天鞋子的想法。

尝试:爸爸,今天早晨宝贝和我想出了一个折中的办法。

他不想穿雨鞋,我不想让他在学校湿着脚。最后,他想出了一个办法,穿上他的旧运动鞋去学校,带上干袜子和他的新运动鞋。

练习:和伴侣聊一聊孩子关于他决定怎么安排玩电脑游戏时间的想法。

尝试:_____

(4) 当孩子又按照原来的方式行事时,表达你的感觉和期望

例如:和孩子关于参加婚礼服装太随便的讨论。

尝试:宝贝,今天我们去参加婚礼穿旧的运动裤虽然舒服同时也不礼貌。就好像是在说:这个婚礼不重要,尽管你不喜欢穿正装,我还是希望你能穿着得体。

练习:和孩子关于不愿意参加社区公益活动的讨论。

尝试:_____

5 分钟亲子互动

(1) 我们已经分享了"孩子的问题"、"父母的问题"和"双方的问题",关键是分清"谁是问题的拥有者",按照不同的方式应对。

请阅读以下各项情况,将符合问题区域的标号填写在相应的空格中。

① 孩子告诉你,他很担心这次考试会不过关。

② 女儿说她不喜欢哥哥的朋友。

③ 孩子常将厨房弄得乱七八糟,并留给你清理。

④ 在学钢琴的孩子要求你听一听她弹奏的乐曲。

⑤ 你的孩子没有按时回家,以致延误了去学英语课的时间,而且不管是否延误,都得照付学费。

⑥ 女儿常常太晚起床,赶不上校车,或会迟到,因此要求你开车送她上学。

⑦ 你儿子想要你开车帮他去接一个朋友,而你却要开车去开个会议。

⑧ 你的孩子想去海边旅游,而你却想去山区。

谁拥有问题	请把上边的序号填入
孩子拥有的问题	
父母拥有的问题	
双方拥有的问题	

(2)"设定目标"的练习

家庭成员共同针对自己家庭状况,转换成清楚的个人目标。每个人写出自己的需求,然后经过充分讨论共同解决。

双方遇到冲突的问题	想到用什么方法来改变				
	爸爸	妈妈	孩子1	孩子2	共同的建议

5 分钟亲子活动

（1）全家福

请家庭中每个人轮流设计一张全家福的景象然后拍摄下来，每个人都可以是导演，衣服也是穿自己想穿的，每个人的装扮也是由设计者来选衣服，也可以给别人以建议。拍摄全家福活动并不仅仅是家人在一起照相，而是通过丰富的想法使之成为有意义的活动。特别是孩子可以让他成为妈妈爸爸的造型师，按照自己喜欢的款式亲自选择衣服，进行打扮以后照相。不是独生子女的、有两个以上子女的家庭，可以轮流成为爸爸妈妈的造型师进行拍摄或者选择不同的地点和主题拍摄以后，召开家庭会议选出最好看的一张照片。

（2）梦想储钱罐

让孩子拥有梦想，制定目标并实施计划，不是父母代替孩子去做，而是要让孩子自己去经历的宝贵的财富。首先准备一张纸，将它四等分。第一栏记录孩子希望实现的梦想，第二栏记录想什么时间实现它，第三栏是为了实现你的梦想首先要做的事情是什么，最后一栏则是在下一步所要做的事情有什么。可以将计划制定为短期、中期和长期，分开首先要做的，然后要做的和最后要做的事情。和孩子一起写下答案，并帮助他们能够具体实现目标。制定具体计划以后，准备用于储钱的盒子，最好是可以看到里面的透明的盒子。当孩子实施写在上面的计划时，就给一个硬币，也可以用珠子等其他东西代替硬币。看着梦想储钱罐里逐渐多起来的硬币（珠子），孩子会体会到成就感。如果孩子实施了所有计划，储钱罐也达到目标量时，奖励并祝贺他，让他能够感到成就感。

第四章　关系的土壤

第一节　石头的威力

5 分钟心灵故事

丽丽是个小学三年级的小女生,她在班级里是大队长,成绩好,人缘佳,能力强,谁见了都喜欢。可最近老师发现她有些奇怪:每天放学了,不是她值日生的日子也值日,而且主动留下来帮助老师一起辅导成绩差的同学。直到很晚了,学校关大门了才回家。这是怎么回事呢?

让我们看一看回到家的丽丽:一进门,妈妈就给丽丽一个大大的拥抱:"我的超级才女回家了,今天收获很大吧!"如果说小的时候丽丽还挺喜欢这个称谓,渐渐长大了她开始觉得越听越不舒服。晚餐的时间到了,丽丽刚要夹自己喜欢吃的红烧肉,爸爸说了:"这个肉其实没有鱼有营养,吃点鱼吧!"虽然鱼也挺好吃,可是丽丽就是觉得没有味道。吃完了饭她有些困了,加上读了一天的书也非常累了,她想在沙发上躺一会儿。刚躺了 2 分钟,奶奶又说了:"这么大的人了也不会照顾自己,你不知道这样什么也不盖躺着会出问题的吗?还大队长呢,生活自理能力真的不行啊!"奶奶非常能干,也把一大家子的人照顾得很好,可是这么说丽丽,她的心里可真想哭。爷爷听不下去了,对奶奶说:"你胡说啥呀,丽丽是小学生,用不着懂那么多事,要做你做好了,哪儿有这么多的话!"奶奶一听就生气了,和爷爷一来一往争了起来。觉是睡不成了,那就起来吧,丽丽强打精神坐到书桌前,她心里想:还是做作业吧,这下可以消停了吧。刚写了两个字,妈妈端了一杯水过来,顺便看了看她的作业:"宝贝,你真棒,等你学校的作业做完了,我们来做些课外的作业哟,你的成绩会无人可比,将来……",爸爸也凑了过来:"就是啊,我们家族的希望,以后你是国家的栋梁……"丽丽觉得越听越头疼,心里有个声音越来越响,终于忍不住吼了出来:"你们烦死了,统统给我闭嘴……"

　　有时候丽丽真的不太想回家,家里的人都那么爱她,可是……

5分钟"效能训练"

12个"绊脚石

编号名称	举例	可能造成后果
1. 命令、指示	不要再自怜自艾了	*沟通不良,或给予孩子较低的评价。 *将责任感从孩子身上拿走,让孩子不必为自己负责任。 *促使孩子产生反抗或者报复的行为。
2. 警告、威胁	如果你……你就永远都交不到朋友。 你最好不要这样担心,否则……	*造成沟通不良。 *孩子会因为害怕而顺从。 *威胁的结果会使孩子产生想要"试探"的心理。 *会导致孩子的愤怒、怨恨以及疏远。
3. 说教、教训	生命并不是一罐蜜…… 你不应该那样想…… 耐性是一种美德	*会造成孩子过重的负担或者罪恶感。 *会养成孩子"自我防卫"的态度。(更为自己的立场辩护) *导致孩子退缩、疏远或反抗。(你自己呢?)
4. 建议,提供解决方法。	你为什么不…… 我建议你……	*暗示孩子不具有解决自己问题的能力。 *会阻碍孩子自己去面对问题、想出解决方法并且采取实际的行动。 *会使孩子产生依赖心或反抗心。
5. 以逻辑说服,争论	这就是你为什么会犯错的原因 事实就是…… 是的,但是……	*会造成孩子的防卫态度和对抗的争论。 *通常会造成孩子反抗父母,不听父母的话。 *让孩子感到自卑、信心不足。

编号名称	举例	可能造成后果
6. 判断、批评、责备	你的想法不够成熟…… 你就是偷懒…… 可能是你先打人的……	＊暗示孩子是没有能力的人、愚蠢、判断能力较差。 ＊因为怕得到否定的判断或斥责，孩子会拒绝和你沟通。 ＊孩子会接纳父母的判断，认为"我是不好的"，或报复地说：你们也好不到哪里去！
7. 赞美、赞同	嗯！我认为你做得很好 你是对的……，那位老师的声音真糟糕！	＊暗示父母对孩子有较高的期待。并对孩子的未来有所期待。 ＊父母鼓励孩子表现出父母所期望的行为时，孩子会觉得父母在盛气凌人的，或是在操控他。 ＊当孩子的自我认知和父母的称赞不相称时，孩子会感到焦虑。
8. 侮辱、嘲弄	爱哭的孩子 担心考试分数低是很愚蠢的事	＊孩子会觉得没有价值、不被疼爱。 ＊会损毁孩子所拥有的自我形象 ＊通常会有口语上的反抗。 ＊以后孩子遭遇困难时，不会再对父母敞开心扉、吐露心声。
9. 分析、诊断	你之所以不对劲，是因为…… 你只是累了！ 你真正的意思是……	＊会使孩子有挫折和受胁迫的感觉。 ＊孩子会感到被套上框框、自己的缺点被公开，或不被信任。 ＊孩子会因为害怕被误会或被公开而不愿和父母沟通。
10. 同情、使安心	你不要担心…… 你会感到比较好过…… 喔、快乐一点嘛！	＊会让孩子觉得自己被误解。 ＊会引起强烈的敌意。（你说的倒简单，你自己来做！） ＊孩子通常会认为父母所说的意思是："感到很糟糕是不好的！"

（续表）

编号名称	举例	可能造成后果
11. 调查、质问	为什么…… 谁…… 你做了什么? 如何……	＊既然回答问题常常会招致批评或让他人来解决问题,孩子也因此学会了避免正面回答。 ＊仅透露一半的事实,或者说谎。 ＊质问通常会造成孩子对父母所问问题感到一无所知或莫名其妙。也因此孩子会变得较为焦虑且害怕。 ＊当孩子回答父母所关心的问题时。可能会失去他自己对问题的看法。
12. 退缩、转移注意力、讽刺	让我们谈谈高兴的事…… 你为什么不试着打起精神!	＊保持沉默,不予理会。 ＊暗示孩子对于生活上所遭遇的困难,与其尽力去克服,不如设法逃避。 ＊暗示孩子的问题是不重要的、不值一提的或荒谬的。 ＊以后孩子遇到困难时,不知如何再对父母表达吐露心声。

这些我们通称为沟通的"绊脚石",因为它们阻挡了父母和孩子沟通的管道。有些"绊脚石"提出的是解决方法,没有让孩子想出自己的解决办法,好像孩子不够聪明,没有能力自己解决,必须依赖父母;有些"绊脚石"让孩子觉得自己很笨,贬低孩子的自尊心;也有些"绊脚石"本身就带着判断的意味,向孩子传达"你错了"的讯息;另有规避问题的"绊脚石",只是一味掩饰、逃避,或传达给当事人"这问题不值得讨论"的讯息。任何父母,都要尽量避免这12种沟通的"绊脚石",因为它们通常是破坏性高于建设性,降低孩子

的能量。

5 分钟亲子范例

现实生活中的沟通,经常造成双方的不愉悦,"绊脚石"常常出现。

妈妈:你真不负责任,水龙头打开从来不会关上,你想让家里发大水啊,你知道一个月的电费有多少吗?真是不当家不知柴米贵。

说的话没有效果,孩子也非常地愤怒。有没有更好的方法可以替代吗?有没有一种方法,可以让孩子们与我们配合,而不至于伤害他们自尊,也不会让他们有逆反的心理?有什么办法可以让父母少付代价又好操作呢?以下几个方法可以让我们学会和孩子合作并且孩子不会留下负面的感受。

(1) 描述你看到的,或者问题

① 宝贝你看,浴缸里的水都快溢出来了!
② 卫生间的灯还亮着呢!
③ 你看你的手还脏着呢!
当大人描述的时候,其实也就暗示了孩子应该怎么做。

(2) 提示

① 毛巾放在床上会把毯子弄湿了。

② 吃完的空牛奶盒应该扔到垃圾桶里。

③ 我需要有人帮我收拾一下桌子。

当我们给他们提示的时候,他们就知道怎么做了。

（3）简单的词语表达

① 孩子,天冷了,围巾。

② 宝贝,你的作业。

③ 看,你的书。

对于孩子来说,越短越容易记住。

（4）表达感受

① 我不喜欢别人拽着我。

② 窗开着我感觉非常冷。

③ 我的话被人打断会不开心。

只要不表达攻击,孩子是能够和一个愤怒的人合作的。

5 分钟亲子对话

例如:你走进卧室,看到孩子刚洗澡出来,把毛巾扔到你的床上。

尝试:

① 描述:宝贝你看,湿毛巾在我的床上。

② 提示:湿毛巾要挂在卫生间里。

③ 简单的词语表达:湿的毛巾,宝贝。

④ 说出你的感受:湿毛巾放在床上我不喜欢。

(1) 你的孩子刚刚把湿雨衣挂在衣柜里

尝试:

① 描述:＿＿＿＿＿＿＿＿＿＿＿＿＿＿＿＿

② 提示:＿＿＿＿＿＿＿＿＿＿＿＿＿＿＿＿

③ 简单的词语表达:＿＿＿＿＿＿＿＿＿＿

④ 说出你的感受:＿＿＿＿＿＿＿＿＿＿＿

(2) 你发现孩子晚上不洗脸刷牙了

尝试:

① 描述:＿＿＿＿＿＿＿＿＿＿＿＿＿＿＿＿

② 提示:＿＿＿＿＿＿＿＿＿＿＿＿＿＿＿＿

③ 简单的词语表达:＿＿＿＿＿＿＿＿＿＿

④ 说出你的感受:＿＿＿＿＿＿＿＿＿＿＿

(3) 你的孩子经常把运动鞋到处扔

尝试:

① 描述:＿＿＿＿＿＿＿＿＿＿＿＿＿＿＿＿

② 提示:＿＿＿＿＿＿＿＿＿＿＿＿＿＿＿＿

③ 简单的词语表达:＿＿＿＿＿＿＿＿＿＿

④ 说出你的感受:＿＿＿＿＿＿＿＿＿＿＿

5分钟亲子互动

当孩子的态度变成"我就要干我想干的。"而我的态度变成"按我说的去做。"于是,争吵就不可避免了。每次都让我心烦意乱,最后,即使要求孩子去做一件最简单的事,也渐渐地变得让我头疼。

(1) 现在让我们花几分钟时间想一想,在一天当中,哪些是你坚持让孩子去做,或者不要去做的事情,在下面的空白处列出来。

每天要求孩子必做的事情:

早上①_____ ②_____ ③_____

下午①_____ ②_____ ③_____

晚上①_____ ②_____ ③_____

每天要求孩子绝对不能做的事情:

早上①_____ ②_____ ③_____

下午①_____ ②_____ ③_____

晚上①_____ ②_____ ③_____

(2) 回顾当成人希望孩子配合的时候常用的几种方法。和孩子一起感受,同时把自己想象成一个孩子,在听父母对你说话。

① 责备:

你的脏手印又弄门上了! 怎么老这样?……到底怎么回事? 你就不能做得好点?……告诉过你多少遍了,要用门把手。你从来就不听!

孩子的感受:_____。

如果我是孩子,我的感受:_____。

② 谩骂

今天气温都零下了,你就穿一件薄夹克! 你怎么这么蠢啊!"

把屋子弄这么脏,你真是个懒虫,简直跟猪一样。

孩子的感受:_____。

如果我是孩子,我的感受:_____。

③ 威胁

再碰灯泡,你就会电死的。

我数三下,你还不穿好衣服,我就丢下你走了。"

孩子的感受:_____。

如果我是孩子,我的感受:_____。

④ 命令

马上把屋子打扫干净。

帮我拿一下包,快点!

孩子的感受:_____。

如果我是孩子,我的感受:_____。

⑤ 说教

你觉得从我手里抢书,做得对吗? 你不知道好的行为习惯有多重要:你必须明白,如果我们希望别人对我们有礼貌,我们就要对人有礼貌,你是不是也不愿意别人抢你的书? 那你就别抢别人的书。己所不欲,勿施于人。

孩子的感受：_____。

如果我是孩子，我的感受：_____。

⑥ **警告**

小心，别让车撞到你！

别往那儿爬！你想摔下来吗？

穿上毛衣，要不会感冒的。

孩子的感受：_____。

如果我是孩子，我的感受：_____。

⑦ **讽刺挖苦**

你知道明天要考试了，还把书落学校。你做得真明智！

今天就穿这个——紧身衣配格子裙？你今天会得到很多夸奖的。

这就是你明天要带到学校的作业吗？也许你的老师能看懂你的天书，我可看不懂。

孩子的感受：_____。

如果我是孩子，我的感受：_____。

5 分钟亲子活动

（1）间谍行动

在活动中对只愿按照自己希望的方式操纵别人的孩子非常有效。把场景设计成做好事情不能被家人发现，要成为暗地里执行任务的间谍，给孩子们的任务就是向经常吵架的家人做一些亲切的行为，而且是秘密。父母观察和注视承担角色的孩子。

　　父母仔细观察孩子在一周之内说什么样的好话和做什么样的好事并制定目录,孩子也会列一个目录,记录作为间谍做了什么事情。一周以后,在家人团聚的场合,孩子将会宣布自己所做的好事,父母加以表扬。如果一周太长,可以改一天为一个单位,在每天晚上谈论孩子所做的好事,并且交流在做每一件事情的时候彼此的感觉和心情,说出做好事的孩子、经历该事情的孩子,见到该事情的父母的感受和想法。在活动的过程中,孩子会产生即使父母看不见,也会去做正确行动的好心态。如果父母经常鼓励孩子无意识地去做好事,孩子就会更加主动地去做好事。孩子听到表扬的次数增加,孩子的问题行为会减少,兄弟姐妹之间的关系也会有所改善。

　　（2）陌生人来访

　　父母和孩子各自抽取写有角色的纸条,按照纸条上的角色进行扮演,其他人配合扮演接待者,决定是否开门。建议父母在活动的过程中把常见的社会现象表现出来,比如推销员、煤气公司安检员、快递员、居委会工作人员等等,让孩子在各种人和事面前学会判断和分析,并能随机应变。还可以适当增加一些意外事件,以锻炼孩子的反应能力。"陌生人来访"训练孩子在短时间的观察力,考验孩子的判断分析能力。

第二节　真爱的要素

5 分钟心灵故事

　　宁静的夏日午后，一座宅院内的长椅上，并肩坐着一对母子，风华正茂的儿子正在看报，垂暮之年的母亲静静地坐在旁边。忽然，一只麻雀飞落到近旁的草丛里，母亲喃喃地问了一句"那是什么？"闻声抬头，望了望草丛，随口答道："一只麻雀。"说完继续低头看报。母亲点点头，若有所思，看着麻雀在草丛中颤动着枝叶，又问了声："那是什么？"儿子不情愿地再次抬起头，皱起眉头："我刚才告诉过您了，妈妈，是只麻雀。"说完一抖手中的报纸，又自顾看下去。麻雀飞起，落在不远的草地上，母亲的视线也随之起落，望着地上的麻雀，母亲好奇地略一欠身，又问："那是什么？"儿子不耐烦了，合上报纸，对母亲说道："一只麻雀，妈妈，一只麻雀！"接着用手指着麻雀，一字一句大声拼读："摸—啊—麻！七—跃—雀！"。然后转过身，负气地盯着母亲。

　　老人并不看儿子，仍旧不紧不慢地转向麻雀，像是试探着又问了句："那是什么？"这下可把儿子惹恼了，他挥动手臂比划着，愤怒地冲母亲大嚷："您到底要干什么？我已经说了这么多遍了！那是一只麻雀！您难道听不懂吗？"母亲一言不发地起身，儿子不解地问："您要去哪？"母亲抬手示意他不用跟来,径自走回屋内。

麻雀飞走了,儿子沮丧地扔掉报纸,独自叹气。

过了一会儿,母亲回来了,手中多了一个小本子。他坐下来翻到某页,递给儿子,点指着其中一段,说道:"念!"儿子照着念起来:"今天,我和刚满三岁的小儿子坐在公园里,一只麻雀落到我们面前,儿子问了我 21 遍"那是什么?",我就回答了他 21 遍,"那是一只麻雀。"他每问一次,我都拥抱他一下,一遍又一遍,一点也不觉得烦,只是深感他的天真可爱……"老人的眼角渐渐露出了笑纹,仿佛又看到往昔的一幕。儿子读完,羞愧地合上本子,强忍泪水张开手臂搂紧母亲,深吻着她的面颊……

父母深挚的爱,无时无刻不在沐浴着儿女们,毫无保留,毫无怨言。

5 分钟"效能训练"

(1) 辅助的要素

行为科学家已经研究出来,在何种情况下,才能让问题的当事人,比如孩子觉得有帮助。提出帮助的人应该让面对问题的人有以下的感觉:

① 接纳——接纳真实的自己,包括我的思考方式、我的感受、我讲话以及行动。没有必要与众不同或感觉自己不一样。"纳",是千丝万缕的要进到你的心里面,真正敞开心扉。

② 同理心——真正地了解我,可以体察我真正的感受;能听我讲话,懂得我在说些什么;能设身处地为我设想,然后交流达成共识。同在理上,相同的道理,理解到他的看法和观点。就是他来了,我要和他在一起。

③ 真诚——做诚恳,坦率,真实的自己,而不是扮演角色,包括对自己所说所做付得起责任。你要和你的孩子坦诚地相处,相处的时候要尊重,只有真诚了,孩子才会觉得你说的事值得信赖。

如何协助孩子解决问题,需要有这三项辅助技巧。

(2) 爱子七不责

出自明代晚期著名学者吕坤所著的语录体、箴言体的小品文集《呻吟语》。

① 对众不责:在大庭广众之下,不要责备孩子,要在众人面前给孩子以尊严。

② 愧悔不责:如果孩子已经为自己的过失感到惭愧后悔了,大人就不要责备孩子了。

③ 暮夜不责:晚上睡觉前不要责备孩子。此时责备他,孩子带着沮丧失落的情绪上床,要么夜不成寐,要么噩梦连连。

④ 饮食不责:正吃饭的时候不要责备孩子。这个时候责备孩子,很容易导致孩子脾胃虚弱。

⑤ 欢庆不责:孩子特别高兴的时候不要责备他。人高兴时,经脉处于畅通的状态,如果孩子忽然被责备,经脉就会立

马憋住,对孩子的身体伤害很大。

⑥ 悲忧不责:孩子哭的时候不要责备他。

⑦ 疾病不责:孩子生病的时候不要责备他。生病是人体最脆弱的时候,孩子更需要父母的关爱和温暖,这比任何药物都有疗效。

(3) 帮助孩子建立自信、自爱和自尊

① 帮助孩子根据自己的能力、兴趣和价值观,制订一些切合实际的目标,并且不断给他鼓励:在进展好的时候给予肯定,在进展慢的时候为他打气、分享他的感受(不论悲或喜、苦或乐),在达到目标的时候充分表现出与他同样的喜悦及满足。

② 日常家庭里的事,听取孩子的意见,容许孩子的参与计划及决定,并且尊重对孩子的承诺,若不能接纳孩子的意见,应先向他们解释,以示在乎他们的感受。这是建立孩子有自己地位及内心价值的好机会。

③ 孩子自己会做的事,不可经常替他们做,因为这样会养成孩子依赖的个性,无法培养出自尊和自信,不能认识自己的价值及欠缺安全感。

④ 斥责孩子应该只在两人单独相处的时候做,而不应有第三者在场。如此,他会学到尊严的重要性。"不想在别人面前失礼",能成为一股很大的推动力,使孩子想做得更出色。

5分钟亲子范例

当我们没有身心合一地去和孩子联结，仅仅是为了联结而联结，孩子一下子就感受到了。

妈妈：孩子你的画画的真不错。

孩子：怎么不错了？

妈妈：嗯……就是不错啦，我的孩子画得就是好！

孩子：假的假的，妈妈你根本不喜欢。

当父母越大肆表达他们的赞赏，孩子们越不领情。有时候真搞不懂他们的反应为什么会这样。其实孩子越拒绝他也越告诉我，评价事物的词语比如："挺好"，"真美"，会让孩子产生不舒服的感觉。我们可以尝试身心合一真实的赞赏。

（1）用赞赏的语气描述所看到

① 宝贝，我看到你的书桌有了很大的变化，整整齐齐的书和堆放有序的文具。

② 我觉得你最近做题的速度非常快，也能够把错题整理到错题本上。

③ 在我的生日里你送了亲手做的贺卡，也弹了一首我最喜欢的曲子。

（2）用赞赏的语气描述所感受到的

① 你描写这首热爱祖国的诗让我觉得很感动。

② 当你为我盛饭的时候,我非常地开心。

③ 我看到你坐在书桌前的背影,心里很钦佩。

（3）把值得赞赏的行为总结成一个词

① 你已经在书桌前坐了一个小时,这叫"坚持"。

② 尽管你非常想吃冰激凌,你却没有开口,这叫"节制"。

③ 你每天都准时回家,这叫"守时"。

当孩子听到这样的描述后,就能够赞赏和悦纳自己。

5分钟亲子对话

用自己的所见所感去体验并详细描述出来总是比只说一句"你真棒!"虽然要困难得多,但是孩子们会越来越了解和认可他们的能力,并且孩子真的开始赞赏他们自己。

（1）例如:孩子第一次自己穿好了衣服,站在你面前,希望引起你的注意。

尝试:宝贝,我看到了你自己穿好了衣服,纽扣非常整齐,衣服没有皱褶,我心里非常开心。

练习:孩子第一次做了蛋炒饭,端给你吃,希望获得你的肯定。

尝试:_____

（2）例如:你被学校邀请参加孩子的演出。她（或他）饰演公主,表演结束后,孩子跑过来问:"我演得好吗?"

尝试:你是个可爱又美丽的公主! 站在那里,显得优雅漂亮,你讲话的时的声音悦耳动听。

练习:孩子给你朗诵了一首他写的诗,朗诵完了,他问你:"我写得好吗? 朗诵得怎么样?"

尝试:_____

(3) 例如:你发现孩子的作业最近稍有进步。他的数学计算非常准确,背单词正确无误。

尝试:宝贝,你最近在功课上下了不少功夫。我注意到你的数学计算非常准确,背单词正确无误,我非常欣慰。

练习:孩子打乒乓的技术不断提升,他基本能够接住教练发过来的球,有时候打过去的球教练也会失误。

尝试:_____

5 分钟亲子互动

帮助孩子建立正面、真实的自我形象? 善意的赞赏会招致意想不到的反应。

和孩子一起体验一下,在下列情景当中听到的四种赞赏,你的感受、孩子的反馈。在每种情况后,写下对赞赏的反应。

(1) 吃晚饭的时候,孩子帮你做了饭前准备,铺好了桌布,摆好了碗筷。你说:"你真会干活!"

孩子内心的反应:_____。

(2) 孩子刚刚打完游戏,准备坐在书桌前做作业,你对他说:"哟,你总是这么热爱学习。"

　　孩子内心的反应：_____。

　　（3）在一场家庭的游戏之后,刚刚结束了四个人的话题辩论比赛,你对孩子说:"你真是才华横溢!"

　　孩子内心的反应：_____。

　　（4）孩子刚开始学打排球,还打得不太好。球总是不过栏界。今天,你和孩子打双打,孩子发了一个还不错的球。你对孩子说:"嗨,你打得不错啊!"

　　孩子内心的反应：_____。

　　你和孩子是否感觉到了赞赏所隐藏的问题。除了感觉不错以外还可能还会有其他的反应吗?

5 分钟亲子活动

（1）"感受牌"活动

　　自制一付"感受情绪牌",全家一起每周抽个时间做相互的感受交流,大家轮流抽牌,抽到要回答上面的内容。

　　① 什么事让你的妈妈（爸爸、哥哥、姐姐等）伤心? 生气? 骄傲? 沮丧?

　　② 你做什么事会让你的妈妈（爸爸、哥哥、姐姐,等等）感到开心? 生气? 骄傲? 沮丧?

　　③ 说说你上一次感到开心、伤心、生气、骄傲和沮丧的情形。

　　④ 当你完成这项作业时,你会感到开心? 伤心? 生气? 骄傲? 沮丧?

⑤ 今天有没有发生什么事让你感到开心? 伤心? 生气? 骄傲? 沮丧?

⑥ 你怎么知道你的家人或者朋友是开心? 伤心? 生气?

(2) 和旧衣告别

孩子非常喜爱的一件衣服, 但因为人长大了, 衣服已经过于瘦小, 穿不进去了。这时可以教孩子这样说: 这件衣服陪伴你两年了, 这两年里它不仅给了你温暖和保护, 而且还让你得到了很多人的欣赏和夸奖, 因为它穿在你身上特别合适, 特别漂亮。这件衣服用最好的方式陪伴你成长, 因为有了它, 你这两年才多了快乐满足。可是, 你需要继续成长, 而它不能成长变大, 所以, 它能够为你做的已经做完了。你今天把它穿在身上, 得到的已经不是别人的欣赏和夸奖, 而是嘲笑和怀疑了。他们笑你穿的衣服不合身, 怀疑你是否愿意继续长大。所以, 要跟它分手的时间已经到了, 让我们为它做个安排, 让它能够帮助另一个有需要的孩子长大, 继续被欣赏、被宠爱。你可以对它为你所做的表示感谢, 告诉它你把它放在心里, 使它继续在你的心里帮助你长大, 每次回忆它你都很开心。告诉它我们为它做了安排, 让它得到另一个孩子的爱护。

如果要分手的是心爱的宠物, 或衣物因为破烂不能送人, 可以安排用盒子把它装好, 帮助孩子写一封告别信, 做个类似上述的告别仪式, 找一个隐蔽地点埋了。

第三节　身体语言的魅力

5 分钟心灵故事

　　从前有个王子,打猎迷了路,天色已经晚了,他只好在树林里休息。他听到一阵悦耳动听的歌声,顺着歌声,他发现一群美丽的姑娘在洗澡,边洗澡边唱歌,他感到非常害羞,走也不是,不走也不是。于是就躲在树丛后面闭上眼睛。她们在赛歌,其中有一个女孩的歌声特别美好,像天籁一样。然后听别的姐妹说:"十妹,这次赛歌大会你又要得第一啦。"最后她们来穿衣了,就听喊:"十妹,你快一点啊,我们要先走了。"王子悄悄一看,挂在树枝上的衣服只剩一件了,他想一定是那个十妹的,就偷偷地把衣服藏了起来。

　　后面的故事就是,王子和十妹见了面,十妹是孔雀王国的公主,大家也都猜得到最后他们终成眷属。我们的故事要说的是后半段,王子有一个弟弟,非常想继承皇位,可是国王定了大王子当继承人,小王子就非常愤怒,而且哥哥娶了这么美丽的嫂子,自己更加嫉妒了。终于有一天,大王子出征去打仗,他和自己的王妃算计好了迫害孔雀公主,诬陷她是女巫,让大家把她绑起来烧死,孔雀国王出手救了自己的女儿。王子回来以后,知道了这件事,看了孔雀公主留下的书信,就去找公主。

王子翻山越岭克服了很多困难,终于找到了孔雀王国,可是国王出了难题,要让他在一群公主里找到他的妻子,而且只能隔着纱看身影,她们轮流在纱后面走过,只能看一遍,且不能作弊。可就是这一遍,王子轻而易举地找出了自己的公主,当她的身影一出现,王子立刻就抓住了。故事的结果当然是美好圆满的,王子带着公主回来,国王父亲也惩罚了小王子和王妃,王子和公主过着幸福美满的生活。

5分钟"效能训练"

(1) 皮肤饥饿

人有一种饥饿,天生存在而又鲜为人知,这种饥饿就是人对抚摸的要求,确切地说,它是一种"皮肤饥饿"。科学研究表明,所有的温血动物一生下来就有被触摸的要求。如果这种需求被剥夺,就会丧失欲望,导致生长迟缓,智力低下,并会产生不正常的行为方式。常在亲人怀抱中的婴幼儿能意识到同亲人紧密相连的安全感,因而啼哭少、睡眠好、体重增加快、抵抗力较强,智力发育也明显提前。相反,让孩子长时间处于"皮肤饥饿"状态,会引起孩子食欲不振、智力发育迟缓以及行为异常等等。生活中缺少抚爱、缺乏身体触摸的孩子,往往会自发的咬手指、啃玩具、哭闹不安,甚至把头或身体乱碰撞,这就是"皮肤饥饿症"的表现。有的年青父母以工作繁忙、生活紧张为借口,把孩子扔给老人看管,以为这样就解放了自己的双手,赢得了宝贵时间,其实这对孩子的成长是不利的。还有一些家庭对孩子的接触方式是打屁股,只要孩子有点错或大人不称心,就打孩子屁股,平时很少得到父母亲昵抚摸,这些孩子容易产生孤独感,并热衷于推撞、打架闹事、对周围世界带有敌意。也还有不少家庭,父母是常常抚摸和拥抱婴幼儿,但是等到孩子上初中以后,性别就会压抑和限制这种本能的接触。只有当孩子患病时,才有被父母摸摸前额的机会,平时是得不到任何关心和爱抚的身体接触。其实大孩子也很喜欢亲人抚摸他的手和头,女孩子喜欢依偎着亲人撒娇。

那么,采取什么样的触摸方法呢?拥抱。夫妻或孩子抱在一起,是通过心的跳动、眼神的传递,把自己对对方的感情默默地传递给对方;脖子背部的爱抚,它可以消除紧张和疲劳;臂部按摩。从手腕到肩部的柔和按压,以解决"皮肤饥饿"。皮肤触膜是一种直接的关怀方式,表达人们之间的相互理解和慰藉,它能把自己的爱护和体贴,默默无闻地传递给对方的身体、大脑和心理,它可以产生更多天真可爱的孩子,也能产生更多的好丈夫和好妻子。

(2) 拥抱的技术

拥抱是亲子间良好的沟通方式,最好表达爱的方式。这样的表达方式来表达自己的情感,直接明快,对孩子来说,最好的表达爱他的方式就是去拥抱他。他就能够感受到爸爸妈妈对自己的爱。

① 对孩子的大脑发育具有重要作用,让孩子感觉到安全,促进孩子健康成长

大人搂抱、触摸孩子,与孩子身体亲密接触,对其大脑发育有着重要意义。每当你抱住孩子,轻柔地触摸他的身体,亲亲他的小脸蛋,摸一摸他的小脑袋、捏一捏他可爱的小脚丫,这些都是在"抚触"他的心灵。你每一次抚触,孩子的大脑就接受了一次良性的刺激,而这些刺激能促进孩子智能的发展。

温柔的拥抱和抚触能让烦躁中的宝贝安静下来,减缓压力。孩子只有在平静时才有探究环境的兴趣,才能把周围一切事物当作探索的对象,在探究中学习。拥抱有利于缓解孩子的沮丧情绪,提升免疫系统的效率。许多儿科医生发现,拥抱和抚摸还有助于促进孩子的身体发育和疾病治疗。

② 促进亲子依恋关系的建立

爸爸抱着孩子,用胡子轻轻扎扎他的小脸,把他举得高高的,或者让他在脖子上"骑马马",会让孩子感觉到爸爸的坚强有力。而妈妈抱着孩子,给他讲故事,等他瞌睡的时候给他唱摇篮曲等,会让他感觉到妈妈的温柔。你们也在拥抱孩子的过程中感受到孩子的乖巧与可爱,而在这种亲子互动中更易形成良好的亲子关系。

③ 一天中必不可少的三次拥抱,特殊时期的孩子更需要拥抱

早晨醒来第一次拥抱,孩子在睡了长长的一夜醒来,给他一个拥抱,问候孩子早上好,睡得香不香,然后给他穿衣起床。

下班回家第二次拥抱,你在外工作了一天,孩子一天没有见到你,更需要你一个大大的拥抱来弥补这种长时间分离带来的亲子想念。

孩子睡前第三次拥抱,在孩子睡前亲亲他的额头,亲子之间互道晚安,孩子带着你拥抱的余温,一定能美美地睡个好觉。

孩子焦躁不安时、生病时、受了委屈时、被别的同学欺负时……这些特殊时期,你的拥抱能减缓孩子的焦躁感,减轻疾病带来的痛苦,在一定程度上转移孩子对病、痛、委屈等的注意力。

④ 拥抱孩子有讲究

拥抱孩子如此重要,你绝对不能敷衍了事地随手一抱,拥抱也不只是简单地双臂抱紧他,要知道,拥抱孩子的过程实质是给他心灵以滋养的过程。拥抱孩子时,你可以给他感兴趣的东西,如温柔的抚触、慢慢的呼吸、好听的话语等,同时辅以柔和的目光,注视他的眼睛,让他知道你在关心他、关注他,让他知道你最了解他、最爱他。

(3) 身体语言的技术

① 情绪及面部表情同步

不要千篇一律的微笑,而是要根据对方的表情而作相应变化。模仿对方的情绪及面部表情。对方表情很严肃,你也就跟着很严肃;对方表情很轻松快乐,你也就跟着很轻松快乐;对方总是爽朗地笑,你也就跟着他爽朗地笑;完全跟对方同步,对方就会莫名其妙地觉得你很可亲,很合得来。

② 语气语调语速同步

接下来,把你的语气、语调、语速完全与对方同步。对方讲话速度很快,你也就很快;对方讲话速度非常慢,你也变得非常的慢;对方讲话语调很高,你也就很高;对方讲话声音很轻,你也就非常的轻;总之与对方越接近越好。

③ 第三步:肢体动作同步

模仿对方所有的肢体动作。比方说对方经常捋捋头发,对方经常推推眼镜,假如你不戴眼镜的话,你也可以摸摸鼻子但是"同步"不代表"同时"! 对方一有动作你不必马上立刻模仿,过一会儿你再模仿也不迟,所以,你只需要做一些类似的动作,并且不要同时做。总之一句话:模仿他的习惯动作,对方就会把你当作"自己人"。

5分钟亲子范例

我们和孩子沟通的时候,特别是在讲一些我们认为重要的事,就会特别地让气氛变得严肃起来,比如神态凝重,认真地看着孩子这样说:

妈妈:你不可以这样做,我们都是为了你好,你认真想一想。

这样会让对方特别有压力,也不愿意去面对,仿佛一座大山压过来。其实在沟通中,沟通的内容只占到3%,说什么并不重要,重要的是97%体态语言声音等,能够让对方接纳,对方的反应才是重要的。

家长应该多与孩子有身体上的接触,例如,拥抱、拍拍孩子的肩膀、握手、亲吻孩子的脸,让孩子拉着你的手等。无论你的孩子 6 岁还是 12 岁,每天都要多拥抱他们。如果他们不习惯频繁拥抱,可以尽量拍打他们的肩膀,或者碰碰他们的脚。在吸引孩子的注意力之前,不要开始讲话,主动与孩子接近,轻轻触摸他。看着他的眼睛,直到他抬起头来,然后才开始讲话。在遇到危机的时候,几乎是出于天性,我们会互相拥抱。为什么?因为身体的接触,是爱最有力的传达者。在危机中我们需要的是感觉被人爱,我们不总是能改变事情,但如果我们觉得是被人爱,就会有生存下去的勇气。

亲子全面沟通技巧量表

沟通 20 条	
少一些	多一些
长篇大论、说教	简短句子,15 字以下
埋怨(都是你不好、你本来就不应该……、是你是我……)	用"我"开始的句子,对自己的行为负责,(每当"你"发怒,我觉得很担心)
不清晰、不明确的句子("乖一点"、"不要这样,好不好?"	用直接、确切的句子("我想让你停止说激怒妹妹的话。")
"以偏概全"式的询问,("为什么你总是这样的?"你从来没有听过一次话。")	用描述方式直接说出事情("听到你这样说,我觉得你没有做到最好")
聆听时眼睛望着别处、静默对待、双手交叠相向	聆听时看着说话的人,身体前倾,点头
打断别人的说话	让每一个人充分地表达他的想法,再说出自己的意见
不确定自己是否真的明白别人的意思	肯定自己真的明白别人(复述对方说过的话或者做配合性的回应)

(续表)

| 沟通 20 条 ||
少一些	多一些
大声吵闹	用平和、正常的声调谈话
讥讽、嘲笑对方	直接、明确和诚恳地说出自己的意思
频换题目、或者同时讨论多个题目	处理完一个题目在处理下一个
提起旧事、算旧账或发出恐吓（"现在不吃，说不准晚上就饿肚子"）	集中与此时地发生的事情上（"不想吃饭，是否感到不舒服?"）
身体语言与所说的话不相符（没有配合身调、表情或手势）	身体语言与所说的话一致
将情绪隐藏于心里或不肯承认内心的情绪	适当地表露内心的情绪，使对方感受到自己的诚意
不良的面部表情:晦气、不屑或使人生气的表情	面对别人时有和蔼的面部表情
片面猜测别人内心的想法，自以为是	真心地听取别人的见解，提出问题去确保自己明白别人的意思
用使人泄气的话或者威胁（"你这人一点用都没有""你真令人讨厌""你在这样，我便……"）	用 EQ 型用语（"我担心你的成绩""似乎有一些事情使你不开心,可否谈一下?"）
不理睬对方、不回答	真心诚意的对话
一面说话，一面做其他事情	放下手中的事情,诚恳地对话
永不认错	有错时承认错误
不断地教导或者训话,不理会别人是否接受	用平等的地位与心态对话，适可而止

5分钟亲子对话

(1) 当孩子有问题时

① 情绪问题

例如:一个8岁的女孩儿嫉妒自己的双胞胎哥哥,就像她说的那样:"他在别人家过夜的次数比我多。"

尝试:你把她抱在自己的腿上问她:"你有的东西里面,有使你感到真正高兴的吗?"

练习:10岁的男孩很苦恼,因为6岁的妹妹又在打扰他。他朝她大叫道:"走开!"

尝试:＿＿＿＿＿＿＿＿＿＿＿＿＿＿＿＿＿＿＿＿＿

② 同伴关系问题

例如:你9岁的女儿抱怨说:"她拿了我的午餐盒。"

尝试:你搂住她的肩问:"你能说什么或做什么,她才会还给你?"

练习:你9岁的儿子抱怨说:"他骂我。"

尝试:＿＿＿＿＿＿＿＿＿＿＿＿＿＿＿＿＿＿＿＿＿

③ 社会待遇问题

例如:你12岁的儿子回到家里抱怨说,他在学校为一件他没有做的事情而遭到了责备。

尝试:你拍拍他的肩问:"你怎样才能让应该承担责任的那个孩子知道你的感受?"

练习:你11岁的女儿得到了一个爱说闲话的坏名声,她在哭。

尝试：_____

（2）父母和孩子之间的问题

① 无责任感

例如：你 11 岁的女儿忘了转达电话内容。

尝试：你轻轻刮了一下她的鼻子，说："你怎么办才能记住要告诉我电话内容？"

练习：你 10 岁的儿子把自行车留在了外面的雨里。

尝试：_____

② 行为问题

例如：你 7 岁的儿子坚持说自己没有打碎玻璃，是另外一个男孩扔的球。

尝试：把他的手放到自己的心口上，说："假如你不说实话，你想我会有什么感受？"

练习：星期六早上，你 8 岁的女儿在门关着的情况下，来到你们的卧室，叫醒了你和你的丈夫。

尝试：_____

③ 冲突

例如：9 岁的儿子对你说："那太蠢了。"

尝试：你拍拍他的肩膀问："你能想个不同的办法告诉我你的感受吗？"

练习：7 岁的女儿对你嚷嚷："我不想理你啦！"

尝试：_____

5分钟亲子互动

每过一段时间,你可能会问自己:"我做得如何?"下面的自我评价表可以方便、快捷地评估你对"我和孩子非语言沟通"技巧的使用情况,同时问一下孩子的感受。

如果你发现自己对下面1、2、3条的回答是"是",那么你可能还需要更多地练习,当你能做到下面第4条时,你就正在成为一名"善用身体语言沟通"的家长。

今天(或这个星期)当我跟孩子说话时,我:

(1) 眼神严肃地要求、命令或者贬低。你的回答:_____
_____。

例如:

"坐下!"

"你不能那么做!"

"你知道你不应该_____。"

"我告诉过你多少次_____?"

孩子的感受:_____。

(2) 满脸怒气不解释,就提出了建议。你的回答:_____
_____。

例如:

"你不能随便动手打小孩子。"

"你为什么不请他给你呢?"

"小孩子必须学会分享。"

孩子的感受：_____。

（3）用手拍拍孩子或者抚摸着他的头，提了建议，并且有解释，包括谈感受。你的回答：_____。

例如：

"如果你打人，你可能会失去一个朋友。"

"如果你抢，那么她就不会再让你玩她的玩具。"

"你不该那么做。那不公平。"

"如果你那么做，会让他生气的。"

孩子的感受：_____。

（4）拥抱一下孩子，指导孩子思考感受、考虑解决办法和后果。

你的回答：_____。

例如：

"有什么问题吗？"

"当你……时，你认为你的朋友会有什么感觉？"

"如果那样可能会发生什么？"

"你能做什么让那种情况不出现呢？"

"你觉得那是不是一个好主意呢？"

"你能想个不同的办法吗？"

孩子的感受：_____。

5 分钟亲子活动

（1）追赶游戏

游戏开始，孩子扮演落跑的公主或者王子，父母煞有介事地追赶。抓住他之后,拥抱他,亲吻他。然后,让他再次挣脱,多次重复这一过程。要我的小王子/小公主拥抱我……你跑不掉……我一定要拥抱你,噢,不,你又跑掉了……我一定要追上你……我一定要亲吻你,拥抱你……你跑得太快了……我永远不会放弃……我非常爱你……我抓住你了……现在,我来拥抱我的宝贝……我来了……"父母两人可以同时与孩子一起玩这个游戏,并"争着"拥抱孩子。

(2) 我们有一个身体

为了提高家人之间的亲密感和凝聚力,我们可以画一次身体。把家庭成员几个人的身体合在一起组合成一个身体,这个活动最大的优点是所有成员都能参加。首先准备可以容纳身体的大型图画纸和各种签字笔、蜡笔等。画一个身体,把每个人的身体各部分合在一起。

首先,家人一起讨论画谁的哪一个部位,并完成图画,这幅画是把所有人的意见凑在一起,一起决定的,这样画出来才是重要的。当家人都说出了自己的意见,完成脸部以后,接下来是胸部、双臂和腿,逐渐画完了一个身体。虽然画的不是自己的身体部位,但是从画中请大家找出来和自己相像的地方,并且说出来交流。将完成了的图画和自己的身体进行比较,孩子们就知道自己是从爸爸妈妈的身体里生出来的,会倍感亲密。而且,在这一过程中家人一起讨论和协助,会产生集体的凝聚力。我们可以进一步创造性地把互相接近的部位拍成照片,并排贴在一张纸上。是家人一起创作的,有所有家人的形象。

第五章　聆听的美好

第一节　一般聆听的神奇

5分钟心灵故事

乔·吉拉德是世界著名的汽车销售专家，有一次他向一位客户销售汽车，交易过程十分顺利。当客户正要掏钱付款时，另一位销售人员跟吉拉德谈起昨天的篮球赛，吉拉德一边跟同伴津津有味地说笑，一边伸手去接车款，不料客户却突然掉头而走，连车也不买了。

吉拉德苦思冥想了一天，不明白客户为什么对已经挑选好的汽车突然放弃了。夜里11点，他终于忍不住给客户打了一个电话，询问客户突然改变主意的理由。客户不高兴地在电话中告诉他："今天下午付款时，我同您谈到了我们的小儿子，他刚考上密西根大学，是我们家的骄傲，可是您一点也没有听见,只顾跟您的同伴谈篮球赛。"

吉拉德明白了,这次生意失败的根本原因是因为自己没有认真倾听客户谈论自己最得意的儿子。

5 分钟"效能训练"

在亲子沟通中,"父母说"只是其中最不重要的一环,真正重要的亲子沟通元素是"父母的倾听"。倾听是了解的开始,在心理学上,倾听更具有净化作用。当孩子遭遇挫折、困惑、沮丧、委屈和失败的时候,他最需要的,不是安慰,不是批判,更不是说理;而是一个值得他信赖的人,让他哭,听他说,然后了解他接纳他。

一般聆听的几个步骤:

(1) 专注

集中精力在聆听中理出讲话者的逻辑,要注意姿态,面部表情等细节。

① 学习"停、看、听"

通常情绪感受是看不见、摸不着的东西,父母要怎样才能贴切地了解孩子的感受,并且适当地反映出来,这就有赖于父母有效的倾听。要成为一个有效的倾听者需要"全神贯注",它包括看,眼神的接触及注视;听,耳朵的接收及传递"我正在听"的反映信息,并适时地给予孩子一些反应。

*停:暂时停止进行中的工作,注视对方,提供孩子表达

感受的时间和空间。

＊看：仔细观察孩子沟通时非语言的行为表现。

＊听：倾听孩子说什么。

② 了解非语言信息

父母如果要成为一位有效的倾听者，当然必须对于孩子沟通时的非语言行为所代表的意义有所了解。通常孩子会借着下列的行为表现传递着不同的感受。

＊脸部表情

孩子的脸部表情会随着情绪和感受的不同而有所变化。

○哭泣：可能表示孩子心理或身体受伤、害羞与失望、不高兴、挫折、生气等的情绪。

○微笑：可能意谓高兴、愉快、紧张焦虑的掩饰、蔑视他人。

○掷东西：一种生气、失望，不满、受挫情绪的发泄表现。

○僵直不动：可能表示恐惧、害怕、怀疑或吓呆了。

○摇头：否认、不同意。

○点头：同意、承认、认同。

○打呵欠：意谓无聊、没兴趣，想睡觉或精神不济的心情。

○眼神集中：表示专注、有兴趣。

○眼神逃避接触：表示焦虑不安、缺乏兴趣、害羞的感觉。

＊音调与速度

○说话结巴：可能是紧张、害怕、悲哀情绪的表现。

○不说话：可能意谓正在思考或悲伤、沮丧、郁闷、不高兴。

○说话速度很快：可能意谓得意、高兴或紧张的情绪。

○重声强调某些字：可能是谈话重点内容的强调。

父母倾听时千万不可以到处走动、边做事边听或背对着孩子,因力这些行为可能令孩子认为你不关心他,对他所说的一切没有兴趣。

(2) 沉默

"沉默是金",起着助手作用的沉默总是供不应求。沉默、无语真的是将足够的空间和不被打扰的时间给到他人,让他们能畅谈他们的情况、想法或感受。沉默不是一种沟通的失败,事实上,沉默是一种强有力的沟通手段,它意味着有人正在对一个问题的答复进行思考或深思熟虑,也意味着可能是同意、分歧、挫败、或生气的信号。

当孩子要做一个决定时,要解决一个问题时,或有表达自己的需求时,沉默就给她提供了一个机会和时间去说出、反映和决定。

(3) 理解的应答

用语言或非语言暗示你真的在倾耳静听,会很有裨益。在谈话停顿的时候这么做尤佳。这被称为"表达注意力"的反应。

① 非语言聆听

面部表情和身体语言占了沟通很大一部分。当父母倾听孩子的谈话时,父母必须注意观察孩子的非语言行为。当孩子与父母分享情绪感受时,父母要不时地与孩子进行眼神交流和点头、身体前倾、微笑、蹙额等,肢体语言运用得当的话,能让孩子感受到你听到了他的话。但不是紧盯不放地注视,同时要避免打断孩子的说话，表现出注意、轻松、有兴趣了解的表情。也要确定你的非语言行为要匹配孩子当时的状况。当他人沮丧时你在微笑，那这将传达出去一个完全错误的讯息。

② 简短的语言表达注意力

比如："哦、嗯、啊、是的、我了解"等这样语言暗示，运用得当的话，也让孩子知道你还很专心，你有兴趣听，无妨继续倾诉他的困扰，偶尔点点头来表示你对他说话内容的注意，鼓励孩子继续说下去。

③ 简单的复述

开场白＋重复对方刚说过的讲话里重要的文字："你是说……"、"你刚才说……"、"看我是否听得清楚，你说……"

（4）引导性话题

"话题引导"，非常有效，告诉孩子你愿意花时间聆听他的话。如"你想多谈谈那件事吗?""听起来好像你对这件事有很强烈的感受。""我对你怎么想很感兴趣。""你想谈谈它吗?"这些问话都是开放式的，而且并未对孩子先前谈的话做任何评价。

引导的话题	表达的意义
给我讲讲。	你有权表达自己的情绪。
我想听听。	我尊重你以及你的想法和情绪。
告诉我更多的情况。	我可能会从你那里学到些什么。
我很想知道你的看法。	我真的想听听你的观点。
你想谈谈这件事吗?	你的想法值得一听。
我们来讨论一下吧!	我对你很感兴趣。

（续表）

引导的话题	表达的意义
我们听听你有什么说的。	继续,我听着呢
告诉我整个故事。	听起来你似乎对此有什么要说的
这似乎对你很重要	我希望和你建立亲密的关系,希望更多地了解你。

5分钟亲子范例

（1）父母经常扮演七种错误角色

父母虽然很想了解孩子内心的感受,很想接纳孩子的情绪,但是,固有的思维模式与语言方式,使父母形成了一种传统的家庭角色,不停地扔"绊脚石",通而这常常造成亲子间沟通的障碍。在传统的观念中,对于负向情绪的处理一般会遵循两个法则。一是压抑,二是发泄。压抑所产生的自残现象时而可见,发泄则是将点的战争扩展到面的战场,甚至对别人产生情绪性的攻击伤害。

① 指挥者

这类型的父母喜欢完全掌控所有的事件,并且企图去扭转一切负向的情境。

＊这是你对父母的态度吗?

＊我警告过你很多少次了,不许打游戏!

② 说教者

这类型的父母是一个"应该主义者",在与孩子的交谈中时常会在无意间流露出"你应该这样"、"不应该那样"。

＊你都上五年级了,应该懂事了。

＊你是哥哥,应该让着弟弟妹妹。

③ 万能者

这类型的父母会表现出一副无所不知、无所不晓的态度,很喜欢替别人解决问题。喜欢向孩子炫耀他们丰富的人生经历,而采取的沟通方式通常是:说教、忠告、训诫。他们的目的是要孩子了解他们的优越地位。

＊看嘛! 我说的没错吧!

＊用用你的大脑,好好地想一想吧!

④ 审判者

这类型的父母甚至不经审判就已宣告孩子有罪,其目的是想证明自己永远是对的,而错的永远是孩子。

＊成绩这么差,一定是你不用功!

＊不要再说了,照我说的去做,没有错!

⑤ 批评者

这类型的父母就像审判者、说教者、万能者一样,最喜欢以严格的标准来挑剔孩子的行为,并且用嘲笑、讽刺、诽谤和开玩笑的方式来压制孩子的欲望。

＊你以为你长大了吗? 翅膀硬了,想飞啊!

＊天啊! 这是我儿子吗?

⑥ 心理分析者

这类型的父母如同一位心理学家般地发觉、分析、诊断孩子的种种问题,并且将问题的原因推在孩子身上。

＊问题在于你自己缺乏信心……

＊我想你太在意别人的看法了。

⑦ 安慰者

这类型的父母会以过于简单的方式处理孩子的情绪,以避免自己卷入中,如轻拍孩子的背、草率地安抚等;而在困难重重时,却伪装成一切都没有问题。

＊放心啦! 不会有事的。

＊人生不如意十之八九,何必这么在意呢?

之所以被称之为错误角色,是因为他们会在亲子互动中,反复地指出所有出现的问题都来源于孩子,如此一般的语言与行动不但无法疏解孩子的负向情绪,反而增加了孩子的压力。

(2) 父母的"一般聆听"

父母要避免对孩子说:"好啦! 我想我了解,我知道你的意思。"因为这句话常常会堵住孩子的嘴,不想再说了,而父母所谓了解也许并不完全是正确的,毕竟对别人的感觉我们并不能真正知道,只能猜测罢了。孩子们需要额外的鼓励,以便谈他们更深的感受与困扰,至少让他们开始说话。

一般聆听并不是解决任何问题的灵丹妙药,父母必须具备一些态度,才能将一般聆听的功效发挥得淋漓尽致。

举例:

妈妈:小崔,你回来啦!(拥抱孩子)今天在学校怎么样啊?

小崔:没什么。(边说边左顾右盼)

妈妈:哦?(有点疑惑)

妈妈:看上去好像有点不开心啊。(专注)

小崔:没有。(低头)

妈妈:(沉默,继续看着孩子)

小崔:(低头小声说)其实我没有考好,因为作文没有写完……

妈妈:哦,考试成绩不理想是吧?(理解的应答)可以让妈妈看看你的卷子吗?

小崔:嗯。(拿出试卷)

妈妈:你觉得是什么问题呢?(引导的话题)

小崔:前面的基础知识比较多、而且难,我没有时间做。

妈妈:哦,你觉得是因为努力思考前面的基础部分,导致没时间写完作文是吧?(简单复述)

小崔:嗯。

妈妈:那你有什么改进的方法了吗?(引导的话题)

小崔:嗯……我下次遇到这种情况,我可以先写作文,还有多多复习基础知识,熟练了就不会动作慢了。

妈妈:是啊,我家小崔真有办法,妈妈看好你!(再次拥抱孩子)

5 分钟亲子对话

关于一般聆听的引导性话题,我们可以做些尝试。

(1) 就寝时

举例:孩子:我不想去睡觉!

尝试:你觉得为什么你必须现在去睡觉,而不是稍后?

孩子：我不知道。

尝试：如果你稍后再睡，可能会发生什么？

孩子：明天我可能会感到疲倦。

尝试：＿＿＿＿＿＿＿＿＿＿＿＿＿＿＿＿＿

孩子：在学校里就会表现不好。

尝试：＿＿＿＿＿＿＿＿＿＿＿＿＿＿＿＿＿

孩子：……

（2）打扫卫生

举例：孩子：我不想打扫房间

尝试：是的，你知道我为什么要你把的房间打扫得干干净净吗？

孩子：我不知道。

尝试：那么，猜猜看。你能想出我希望你的房间干净的理由吗？

孩子：因为你喜欢东西看起来漂亮？

尝试：＿＿＿＿＿＿＿＿＿＿＿＿＿＿＿＿＿

孩子：因为要是房间干净整齐的话，你穿过房间的时候就不会踩到东西上。

尝试：＿＿＿＿＿＿＿＿＿＿＿＿＿＿＿＿＿

孩子：我喜欢。

（3）我不喜欢吃蔬菜

举例：孩子：我不喜欢吃蔬菜。

尝试:我以为你喜欢呢,你能和我说说理由吗?

孩子:但是那些没煮过,不像这些烂兮兮的。

尝试:唔,你能想个办法在晚饭时吃一种蔬菜吗?

孩子:我可以从冰箱里拿一个没煮过的来吃。

尝试:_____。

孩子:是的,因为生胡萝卜也很有营养。

尝试:_____。

孩子:其实我也挺喜欢生的口味。

5 分钟亲子互动

封闭式回应与开放式回应的区别	
封闭式的回应	开放式的回应
听者的不愿接受、不愿了解,否定了孩子表达自己感受的权利。	倾听者能接受孩子所感受的、所说的,表示他们承认孩子有表达自己感受的权利,显示听者了解。
举例1:现在你不要这样说,这个是不对的。	你说说看理由。
举例2少说废话赶紧做!	你想告诉我什么?

　　请在日常生活中留意觉察自己对孩子或者其他人的封闭式或者开放式的回应。并且询问孩子或者对方的感受,听取别人的建议。

孩子的话	封闭式回应	开放式回应	孩子的感受
我明天不上学了!			
我不喜欢你批评我!			

（续表）

孩子的话	封闭式回应	开放式回应	孩子的感受
老师不喜欢我。			
你总是要我多吃饭。			
我不喜欢穿这件衣服。			

5分钟亲子活动

（1）说一件今天发生的事

父母和孩子搭档，互为A、B。

① A向B说，B沉默背对着A；B向A说，A沉默面对着B；

② A向B说，B一直发表自己的看法；

③ B向A说，A偶尔表示理解的应答；

④ A向B说，B用引导性的话题应答；

做完练习两人交流一下感受，并和孩子探讨：当我们在沟通的时候，我们如何让对方很高兴地讲下去。

（2）可笑的对话

亲子来读一个"可笑的对话"，听听这段对话，这两个交谈的方式有些可笑。在读完后，请孩子告诉父母为什么认为这可笑。

A：我得到的圣诞礼物是一辆赛车。

B：我不喜欢蓝莓。

A：我的赛车是这个街区跑得最快的。

B：昨天晚上，我妈妈让我吃蓝莓派。

A：那辆赛车是红色的，有个白色的车顶。

B：我今天感觉不舒服。

A：我还得到了其他礼物。

B：我宁可吃巧克力蛋糕。

A：我还得到了一件新衬衫。

B：妈妈说那对我的牙齿不好。

A：为什么不好？

B：我会长蛀牙，还会变胖。

A：一件新衬衫怎么会使你长蛀牙，还变胖呢？

在你的孩子说了"这两个人没有在听对方说话"之后，问他："他们是在听对方说话，还是在听自己说话？"在孩子回答之后，对他说："现在我们再读一遍。其中有一句 A 确实听了 B 说的话。当你听到那个地方时，举手告诉我（或随便孩子喜欢的任何方式）。"当孩子正确指出了对话中真正倾听的时刻时，就可以让孩子说出能表明两个人真正在听对方说话的应有的回答。还要问孩子："B 应该说什么或问什么才能表明他听到了 A 的话？"孩子回答之后，对孩子说："现在你把故事接着编下去，让它不再那么可笑，因为两个人都在听对方说话了。"

第二节　积极聆听的感动

5 分钟心灵故事

那是一个圣诞节，一个男人为了和家人团聚，兴冲冲从异地乘飞机往家赶。一路上幻想着团聚的喜悦情景。一路上幻想着团聚的情景恰恰老天变脸,这架飞机在空中遭遇猛烈的暴风雨,飞机脱离航线,上下左右颠簸,随时随地有坠毁的可能,空姐也有脸色煞白,惊恐万状的吩咐乘客写好遗嘱放进一个特制的口袋。这时,飞机上所有人都在祈祷,也就是这万分危急的时刻,飞机在驾驶员的冷静驾驶下终于平安着陆,于是大家都松了口气。

这个男人回到家后异常兴奋,不停地向妻子描述后飞机上遇到的险情,并且满屋子转着、叫着、喊着……然而,他的妻子正和孩子兴致勃勃分享着节日的愉悦,对他经历的惊险没有丝毫兴趣,男人叫喊了一阵,却发现没有人听他倾诉,他死里逃生的巨大喜悦与被冷落的心情形成强烈的反差,在他妻子去准备蛋糕的时候,这个男人却爬到阁楼上,用上吊这种古老的方式结束了从险情中捡回的宝贵生命。

一个在飞机上遭遇惊险却大难不死的美国人回家反而自杀了,原因何在?

5 分钟"效能训练"

当你的孩子面临问题或有着强烈的感受时,一般的聆听是不够的,需要采用积极聆听的技巧,它有几个步骤:

(1) 参与其中

全身心地参与到和孩子的谈话当中,用心去聆听。如果你猜到孩子一条不好的想法，千万不要惩罚他。"你现在心里非常着急，你现在想要是有人帮你就好了。"

（2）聆听事实与感觉

你不能确定事实，但能确定他的感受，表示你非常理解他，感受要抓得准。孩子非语言行为的表现方式有很多种，相同的感觉可以借着不同的非语言行为予以表达；当然一种行为亦可能代表各种不同的感受，具有不同意义。每个人都拥有唯一的，独特的非语言行为的表征，父母要了解孩子的感觉与情绪，改善个人倾听的技巧，重要的事情就是父母要学习注意观察与了解孩子非语言行为的意义，清晰地了解隐藏于谈话背后的感受，帮助孩子从较合理的角度来察觉自己的感受。当你的孩子向你诉说一个问题时，你的第一反应就是想如何能帮助他解决问题，但是孩子在刚开始说的并不是真实或者完整的问题，很大一部分的问题就像洋葱一样，有好多层皮。通过积极聆听，你可以把问题一层一层地剥开抓住中心问题。

① 事务层面

第一个层面是这句话本身所传递的不掺杂情绪的信息，是完全事务性的表达。表示你在听，可以试图用另一种方法表达对方所说的话，表示自己理解了，用自己的话重新总结一下对方的意思，会有被尊重的感觉。记住，把对方说的话原封不动的重复一遍，等于把对方的意思打回去，这并不是真正的理解。有时候，对方说了很多的话，可能自己的注意力不在上面，适当地说，不好意思，我没有听清，你能不能再说一遍，或者按照自己理解的意思重复一遍,问,是这样么? 讲话的人就会有被得到尊重的感觉。

② 关系层面(或情感层面)

第二个层面是这句话蕴含的潜在情绪,它包含了一个人丢了工作的失落,害怕,惊讶,难过等等各种情绪。我们可以用陈述句回应。

③ 行动层面

就是可以怎样做,是对方想说,但是没有说出来的事情? 应对这种事件和情绪的措施,可以是去调整情绪,但是类似自我主观的建议,是不可取的,有命令的成分在,是没有很大的效果的。

(3) 理解性回馈

父母要告诉孩子,你是理解他的。我完全理解你的心情。你现在感觉这么痛苦,我是可以理解的,但不等于你接受或同意他的做法。

(4) 同理心的接纳

如果换了我,我也会这样做。如果出了问题,要学会同理心,比如晚上睡觉时,要讲一个故事,让孩子学会以后出了类似的情况该怎么处理。

当你的孩子遇到问题时,情感会压倒理智。情感挤掉理智之后,孩子就有可能造成情绪崩溃,积极聆听可以去除情绪冲击,释放头脑,让它重新工作。一旦孩子真实问题被发现后,对大多数孩子甚至成人来说,他们有自己最合适的解决方法,解决他们自己的问题可以增强他们的创造力、自信心以及解决问题的能力。

5 分钟亲子范例

(1)"绊脚石"和过分的聆听

我们非常想在孩子有情绪的时候帮到他,有时候也会过了火或者没有办法贴近他的心,比如说:

妈妈:你想到过没有,你这么难过,因为你怕对不起你爸爸,小的时候爸爸对你这么好,给你买很多好玩的,所以,你觉得自己伤害了你爸爸的感情是吧?

孩子……(头晕)

或者说如下的例子,搬出很多绊脚石,让谈话无法进行下去。

小强:小王今天不和我一起玩,不论我做什么,他都说不想做。

妈妈:嗯,你为什么不提议做他想做的事?你必须学会跟朋友相处。(建议、说教)

小强:我不想做他希望做的事,此外,我不想跟他相处!

妈妈:嗯,去找别的人玩儿吧,如果你还继续作一个被宠坏的小孩。(提供一个解决方法、归类)

小强:他才是被宠坏的小孩,我不是。而且没有其他人可以跟我一起玩。

妈妈:你感到心烦只是因为你累了。明天你就会感觉好一点了。(解释、安慰)

小强:我不累,明天我也不会感觉好一点。你不明白我有多恨他。

妈妈:不许说这样的话！如果我再听到你这样说你的朋友,你会后悔的……(命令、威胁)

小强:(生气地走开)我恨这个地方。真希望我们能搬走。

尽管给孩子建议看上去能帮助他们解决问题,但还是不要急于给出建议:

孩子:我饿了。

妈妈:那就吃点东西。

孩子:我不饿。

妈妈:那就别吃。

不要希望凡事都能"立竿见影",要接纳和回应孩子的感受,而不是给出建议。对比上面的谈话,在下面这个例子中的妈妈"积极聆听",使得问题的归属权一直留在孩子那里,他更加深入地审视了自己,找到了自己的解决方法。妈妈听懂了孩子话中隐藏的感受讯息,而孩子也能感受到妈妈明白他的意思,关键点就在于能否允许孩子表达自己的想法,能否关注孩子的内心需求。这样的倾听持之以恒,也有利于孩子学会去倾听父母的想法。

小强:小王今天不和我一起玩。不论我做什么,他都说不想做。

妈妈:你对小王有点生气。(积极聆听)

小强：是的。我再也不想跟他一起玩了。他不再是我的朋友了。

妈妈：你非常生气，以至：觉得再也不想见到他了。（积极聆听）

小强：没错。但是如果他不作我的朋友了，我就再也找不到其他人一起玩了。

妈妈：你讨厌自己一个人玩。（积极聆听）

小强：是的。我猜我不得不试着和他相处。但是我还是很难不生他的气。

妈妈：你想跟他更好的相处，但你又觉得不生小王的气很难。（积极聆听）

小强：我过去从来都不习惯——但是那时候他总是做我想做事。现在他不再让我指挥他了。

妈妈：小王不能一直赞同你想做的事。（积极聆听）

小强：不……现在他不再是个听话的小孩了。但是他变得更有趣了。

妈妈：你更喜欢他现在这样。（积极聆听）

小强：是的。但是不再向他发号施令是很难的——我已经习惯了那样。或许，如果我偶尔让他按自己的想法做，我们就不会总是吵架了。你认为这样会有用吗？

妈妈：你在想如果你偶尔让步，就会有所帮助。（积极聆听）

小强：是的……或许是这样。我会试试。

我们天生不会积极聆听，因为它不属于我们"母语"的一部分,我们大部分人在成长的过程中都有被否定的经历,为了能够说出这种接纳他人的新语言,我们需要不断地学习和操练。

（2） 无法聆听的状态

有的时候父母们时间有限,他们可能有突发时间被干扰,而孩子有特别需要他们的时候。这种情形在大多数家庭里很常见,父母因而面临一个困难的抉择:他们该满足自己的需求,或是孩子的需要？每一位父母都得自己选择各个情况下的做法。偶尔,做父母的也可能没有心情积极聆听,譬如说他们情绪紧张,或者为自己一些问题忧虑时,要以感同身受之心精确地聆听另一个人说话,得全神贯注才行。父母们若是沉浸在自己的感受与难题中,就无法以不可或缺的注意力回应子女的谈话。所以我们可以有一个缓冲余地的沟通。

① 先迅速评估谁受的伤较重,谁的需要比较强烈,再据以决定该做什么。

② 尝试想出一些办法,一面做你该做的事,一面听子女诉说。"我得继续准备晚餐,可不可以我一边做,你一边谈？"

③ 订一个时间,等稍后你不再忙碌时再谈。"我很想听听,但是我现在没办法。晚餐吃完再聊好吗？"

④ 表示注意到孩子的感受,然后告诉他你的感觉。"你真的生气而难过,真希望现在我有时间能听一听,但是恐怕我会错过和医生约好的候诊时间。"

此外,睡前 15～20 分钟,也是亲子沟通的好时间。父母可以陪孩子讲故事、唱歌、谈事情,不仅用不着因为催孩子上床睡觉而发生冲突,还让家人和孩子共享了天伦之情。但此时段父母要注意两件事:一是自己不能躺下;第二要控制时间,约定的时间一到就离开。不久之后,孩子每天都会期待下个时刻的来临。

5分钟亲子对话

让孩子知道你理解了他/她的感受并不是件容易的事情。我们不会很自然地说出这样的话:"孩子,你好像很生气!""对你来说,一定很失望。""嗯,你好像有些犹豫要不要参加这个聚会。""听起来你有些讨厌这些作业。""那一定太让人感到泄气了。""好朋友搬走了是挺难过的。"这些叙述方式对孩子是一种安慰,能帮助他们从情绪中释放出来。

例如:孩子说:汽车司机对我大吼,车上的人都笑话我。

感受的词语:尴尬

尝试:那一定很尴尬。/好像让你很尴尬。

练习:

(1)孩子说:我真想打小李一巴掌!

感受的词语:_____

尝试:_____

(2)孩子说:就因为下了点小雨,我们老师就取消了校外活动,她真蠢!

感受的词语:_____

尝试:_____

（3）孩子：丽丽请我参加他的生日 PARTY，但我不知道该不该去。

感受的词语：＿＿＿＿＿＿

尝试：＿＿＿＿＿＿＿＿＿＿＿＿＿＿＿＿＿＿＿＿

（4）孩子：我搞不懂老师为什么非要周末给我们布置这么多作业，想把我们累垮呀！

感受的词语：＿＿＿＿＿＿

尝试：＿＿＿＿＿＿＿＿＿＿＿＿＿＿＿＿＿＿＿＿

（5）孩子：我们今天有篮球练习，我一次也投不中。

感受的词语：＿＿＿＿＿＿

尝试：＿＿＿＿＿＿＿＿＿＿＿＿＿＿＿＿＿＿＿＿

（6）孩子：明明搬家了，他是我最好的朋友。

感受的词语：＿＿＿＿＿＿

尝试：＿＿＿＿＿＿＿＿＿＿＿＿＿＿＿＿＿＿＿＿

最难的就是倾听孩子孩子的情绪并说出他们的感受，这需要我们不断演练，才能看到孩子的内心，从孩子的叙述中确定他们的真实感受。说出孩子的内心感受非常重要，一旦孩子知道他们正在经历什么样的感受，便能开始着手帮助自己。

5分钟亲子互动

（1）认清有效的回应（积极聆听）和无效的回应（绊脚石）之间的差异

以下对话是摘录父母和子女之间的真实对话，在孩子的叙述之后,请父母的三种陈述当中,选出你认为最能反映出孩子当时情绪的答案,解答附在最后,做完后,请自对答案。

孩子的话	父母的回应	积极聆听回应选择
我真希望我偶尔感冒一下,就像贝贝一样。她真幸运	a 你觉得你被人忽略了! b 喔,别想着你会生病! c 你是在嫉妒贝贝。	
对啊!她可以留在家里不用上学,但是我从来没有这样的机会。	a 你希望你也能常常留在家里,不用上学。 b 你应该想要去学校才对。 c 你从来都不能如愿以偿。	
对啊!我不喜欢天天上学一日复一日,我对上学已经感到厌烦了。	a 但是你知道你应该去上学! b 如果你旷课,你会跟不上别人的。 c 有时候,你真的对学校感到很厌烦。	
有时候。我就是很讨厌学校。	a 好了!够了!你说得太严重了。 b 哦,比不喜欢学校还要严重,有时候你甚至很讨厌学校。 c 嗯!我相信那只是暂时的感觉。	
对,我讨厌写作业,我讨厌上课,而且,我也讨厌老师。	a 你今天的作业一定没过关,到底怎么回事啊? b 如果是这种态度的话,你将永远学不进去。 c 现在,你基本上讨厌学校里所有的一切。	
我不是真的讨厌所有的老师。我讨厌两位老师。而其中一位我简直无法忍受。她是最糟糕的一位。	a 她可能也不喜欢你,你想过这点吗? b 事实上你只和一位老师相处有问题,是吗? c 她不至于像你所说的那么坏。	

（续表）

孩子的话	父母的回应	积极聆听回应选择
就是那个王老师,我就是不喜欢她。我已经忍受她一年了。	a你已经忍受他很长一段时间了。b王老师看起来是位很好的人,你试着去喜欢她吧。c也许他家里出了什么事情。	
我不知道该如何忍受她。你知道她做什么了吗!每次上她的课时她都要长篇大论——她站在那里,这样的笑着(孩子示范),并且告诉我们,一位有责任心的学生应该如何表现,以及如果你要在她的课程里面拿到"优秀"的话,必须做的事,真是太恶心了。	a你最好给我注意一点,那是你上学的目的。b你当然不喜欢听那些规定喽!c如果你比较负责任。那么你就会知道她的规定是多么的重要。	
遵循她的规则去拿到"优秀",这似乎不太可能——除非你是个天才。或者你是老师的宠儿。	a在你尚未开始前,你就不抱希望了,因为你认为不可能拿到"优秀"。b如果你拿到"优秀"我就给你五元,这应可以激励你吧。c我希望今年你能更加用功一点。	
我可不喜欢成为老师的宠儿,因为其他的孩子会很讨厌我。在同学中,我已经不那么受欢迎了,我想很多女孩都不喜欢我了(孩子哭了)。	a你当然不喜欢做出让其他同学不喜欢你的事。b你最好忘掉那些女孩子,开始关注你的成绩吧!c嗯,如果你每次都为这件事哭,那么我看没有人会喜欢一位爱哭的孩子。	

（续表）

孩子的话	父母的回应	积极聆听回应选择
学校有一群非常优秀的女孩子,她们是全校最受欢迎的女孩子。我希望能够加入她们的群体,但是我不知道该怎么做。	a 你要独立一点。不要做个跟屁虫。b 以你想他人对待你的方式去对待他人。c 你真的很想成为这个群体中一分子,但是却不知道该怎么做。	
我真的不知道该如何进入这个团体。她们不是最漂亮的——不是每个人都很漂亮,她们的成绩也不是最好的,有些人的成绩很好,但是大部分人的成绩比我还差。我就是不知道该怎么办?	a 你对于如何加入这个团体,感到十分困惑。b 你真是个可爱的女孩,她们可能怕你抢风头吧。c 当我在你这个年纪的时候,我没有这么担心,我是只觉得很好玩。而事情也进展很顺利。	
嗯! 在那个团体里的女孩子都有一个特点,她们都很友善——她们常常在一起聊天、交朋友。她们先和你打招呼,并且自然地和你谈话。可这样我做不到,对于这方面,我并不在行。	a 你认为"友善"是她们具有的特质,而你却没有。b 你总是对自己这么没有信心。c 如果你把担心的精力放在采取行动上,你或许已经有了进展	
我知道我不太会讲话,我可以很自然和一位女孩交谈,但是我无法和一群女孩子自然地交谈,通常我都保持沉默,因为我很难找到聊天的话题。	a 试试看不要这么害羞嘛。b 和一位女孩交谈,你觉得没问题,但是和一群女孩子交谈,你觉得有点困难。c 你为什么觉得你一定要跟他们说话呢?	

（续表）

孩子的话	父母的回应	积极聆听回应选择
是的,我一直很害怕我所说的事是很愚蠢的,或者说错话。我只能站在那里,觉得自己被忽略了,那真是太可怕了。	a 我知道了,这就是你感觉不舒服的原因。b 你的姐姐从来没有谈话方面的问题,她有许多朋友。c 或许我们该谈些令人高兴的事。	
我想是的!（谈话继续）		
答案：	1 c、2 a、3 c、4 b、5 c、6 b、7 a、8 b、9 a、10 a、11 c、12 a、13 a、14 b、15 a	

（2）亲子观察单

在未来一周内,请你练习以积极聆听的方法和孩子沟通,并写下你的心得。"事件"可参考前面的情境。

事件	
对话	
心得	

5 分钟亲子活动

（1）"打电话"活动

这是能够帮助孩子们集中精力听全别人的话的一个有趣方法。全家可以一起玩。一个人在另一个人的耳边迅速地小声说一句话。第二个人把自己听到的话再小声说给第三个人听,直到在场的每个人都传遍。然后,最后一个人大声说出自己听到的话——几乎总是原话的一个荒谬的改版。

活动结束,父母可以问孩子下面这样一些问题:

① 所说的完整内容是什么?

② 哪一部分内容你没有听到?

③ 你从这个活动中学到了什么?

④ 为什么听别人说话很重要?

(2) 打针角色扮演活动

① 父母扮演孩子的要求

医生说你体质过敏,需要每周都打针,才能止住打喷嚏。打针有时候很疼,有时候几乎感觉不到。今天,你觉得打针很疼。离开医院后,你想告诉父母你的感觉。父母会用两种方式回应你。第一种方式是否定你的感觉。但是你还是要尽量让父母去理解你的感受。第二次父母用不同的方式回应。对话结束后,体会一下自己的感受,然后和扮演父母的孩子分享。

② 孩子扮演父母的要求

你每周都要带孩子去打过敏针。你知道孩子害怕打针,也知道大多数情况下,其实就疼那么一小会儿。今天带孩子离开医院后,孩子向你抱怨打针太疼。你在这个场景中演两次。第一次是通过否定他的感受来让他停止抱怨。第二次用真正倾听的方式,不管孩子怎样表达他们的感受,都去倾听并接受。对话结束后,体会一下自己的感受,和扮演孩子的父母一方分享。

扮演孩子时,你有没有发现当你的感受被搁置一边或者被否定—,你会越来越生气。一开始你是为打针疼生气,到后来变成了生你父母的气?扮演父母时,你越想让孩子停止抱怨,你就越被这个无理取闹的孩子激怒。感受被否定时,结局往往都会是这样。孩子与父母之间越来越走向敌对。对于父母:当接受孩子的感受时,是否感觉冲突在你们的互动当中被化解了?是否体验到真诚帮助的力量?对于孩子:当你的感受被接纳时,是否感到自己被尊重?是否感到更爱你的父母?

第三节　聆听回馈的重要

5分钟心灵故事

"孩子,我和你讲了许多次要遵时守约,否则会浪费别人的时间,也给别人留下不好的印象,你不这样认为吗?"父亲问。儿子不屑一顾:"的确不好,不过,也没什么大不了的。"父亲有些生气:"怎么能说没什么大不了呢?你养成这样的毛病长大会怎么样?还有谁会信任你呢?"看见父亲生气,孩子也有些沉不住气了:"你是大人了,不是也过得很不错吗?没见你有什么麻烦呀?""你这是什么意思?"父亲不懂话题怎么扯到了自己身上。"你大概忘记了,好几次你答应来参加我们学校的活动,可一直到活动结束了都不见你的人影。""那是因为我临时工作上有事情,而且那些活动也不是非要参加不可……"父亲注意到儿子不屑甚至有些讥讽的表情,尴尬地停住了,不知该如何收场。

父亲没有再说话,他发现自己没有能够真正地去体会孩子的心理感受,他想:因工作忙而没有参加答应过的学校活动,但孩子怎么看待这件事? 他可能会想:"噢,父亲也不守约,他过得也不错,大概不守约不是什么大不了的事。"也可能会想:"父亲对别人倒还能守约,尤其对工作上的事。但对我的事却不认真,可见守约也要凭兴趣或分等级,所以不必事事守约。"孩子有了这样的想法,无论再怎么教育,恐怕也不会起作用。

父亲意识到自己的行为造成了坏影响,于是对孩子说:"当时你的心里一定很失望吧! 对不起。"孩子一愣,没有想到父亲这么说。"孩子,我没有意识到自己的行为对你造成的影响,我当时的确有急事不能来,但我应当事先或事后同你解释一下,甚至应当去同你的老师解释。我真的很抱歉,你能原谅我吗?"父亲诚恳的态度打动了孩子。"没关系,我知道你很忙,下次打声招呼就可以了。""你们下一次家长座谈是什么时间? 我一定把工作安排开,当然,如有意外,我会和你联系的,好吗?""谢谢!"父亲看到了孩子眼中的亮光,是对父亲尊重、喜悦和感动的亮光。

5 分钟"效能训练"

(1) 积极聆听易犯的错误

好消息就是积极聆听你并不需要做得非常完美才会有

效；你可以做些改进，经由自己的理解提高成功率，避免这些积极聆听易犯的错误。以下是八种最典型的错误（如下图）。此外，值得注意的是：每一项错误，在其相对的位置上也有另一项相对的错误。

比如：孩子："我无法相信我新来的老师，他真是个古怪的人，他要求的是什么笨蛋规则嘛。"

错误	定义	范例	相对	定义	范例
高估	加强这种感觉	"你真的很恨老师的规则！"	低估	降低孩子的感受强度。	"你对新老师只感到一点点困惑而已"
增添	延伸孩子所表达的范围。	"你觉得他是一个差劲的老师。"	省略	减低或略过孩子表达的事实。	"你今天真的很难过。"
催促	自行预期孩子的下一个想法。	"所以你可能希望她被开除。"	迟钝	退回或跟不上孩子沟通的脚步。	"几分钟之前你在说……"
分析	解释隐藏的动机：分析孩子。	"你可能很困扰，因为你即将参加期中考，所以压力很大。"	重复	在和孩子沟通时，一字一句地重复孩子的话语。	"你就是无法相信你的新老师。他真是一个古怪的人。而且他所订的规则很愚蠢。"

(2) 积极聆听的危机

① 不习惯

很多父母说："重复孩子的话，那多不自然呀！"积极聆听并不是要你像鹦鹉学舌般地把孩子的话照说一遍，而其真正的意义在于如何从交谈中，正确地解读孩子说话信息中所传递的情感。如果父母尚不能正确地掌握孩子的意思时，可以真诚地对孩子说："我真的很想了解你，你愿意把刚才所说的再说一次吗？""我不知道是否弄清楚你的意思，也许你可以再说得具体一些？"父母此时借着孩子的重复表达，来求证自己对孩子了解的正确程度后再给予回馈。

②强迫孩子

积极聆听是一种开放式的交谈，孩子也许可以与父母分享自己的情绪，也可能保持沉默，不说一句话；甚至离开或否认父母所说的一切。然而，不论孩子做出怎样的反应，父母都要尊重孩子的决定，并接纳孩子的反应，父母千万不要强迫孩子马上要说，以后仍然有很多机会可以表达自己想要帮助孩子的意愿。有些孩子也许从来没有与他人进行情绪分享的经验，因此当父母面对孩子沉默的反应时，并不是意味着父母运用积极聆听是失败的。大多数孩子如果拥有一次被接纳的感觉后，他仍会乐于与别人分享。因此，双方必须先建立一种相互尊重、接纳的关系，这样的关系可以提升孩子继续与父母分享情绪的勇气。

③避免问太多问题

积极聆听时，父母主要处于信息收集阶段，发问是必需的。如"然后呢？""你觉得如何？""你愿意告诉我吗？"但是当拥有足够的信息时，父母不要继续发问，而应反映出你的了解与当时的想法，而且尽量使用"你似乎觉得……？"

④ 父母不必十全十美

人难免会做错事,父母不要期望自己是完美的倾听者。如果你真的想了解自己的孩子,但是却不能正确反映孩子所试图表达的感受,你不需紧张与自责,因为,这样的情形是难免的,所认,无论如何,父母不需要害怕错误的反应会造成对孩子的伤害,更不需要企求自己是完美的倾听者。

当然,有些父母虽然做了反映,但是孩子仍然保持沉默。实际上沉默并不可怕,孩子的沉默也许是在思考父母所说的,整理他自己的想法或考虑如何表达;当然也可能是一种抗拒。面对沉默,父母只需等待和观察孩子的反应。如果沉默一直持续时,父母可认表示:"你似乎对我所说的很不以为然?"大胆地猜测孩子沉默的原因,并再次进行判断孩子是否在抗拒。如果父母怀疑孩子的言行是为了获得你的注意、报复等偏差行为目的时,父母可以用肯定与婉转的口气告诉孩子你不能帮助他解决问题,并告诉孩子,你相信他能自己找出解决的方法,或是转移话题。这都是有效处理的方式。虽然此时孩子不喜欢你的这种反应,但最后孩子终究会了解你的用心。

5 分钟亲子范例

(1) 积极聆听的错误

有时候我们期待积极聆听能够立竿见影地有效果,而实际上有一个练习和巩固甚至失败的过程。例如下面这段对话:

有一天，儿子气愤地回到家里，对父亲说："我真想打同桌小辉一巴掌！"

父亲：为什么？怎么了？

儿子：他把我的笔记本扔到了垃圾箱里！

父亲：我看你是气疯了，你是不是先招惹他了？

儿子：没有！

父亲：怎么可能没有呢？发出来是好的，我坚决支持你。

儿子：我发誓，我根本没碰他。

父亲：那好。小辉是你的好朋友。听我的，别计较这件事。再说了，你自己也有毛病。有时候，你也欺负弟弟，然后还责怪别人。

儿子：我没有。是他先动手的……不和你说了。

父母千万不要对孩子的一言一行均事无巨细地加以反映，孩子害怕而不敢表达。特别是在彼此未能建立良好关系的基础时，积极聆听的错误会使孩子产生退缩行为。事实上，过度的积极聆听对孩子而言可能会造成增强孩子不良行为目的的结果。所以，父母只要真实地反映自己所获得的信息，千万不要太急于猜测或太敏感的反映，造成孩子产生突然被了解或赤裸裸地被别人看到的恐惧感觉。

（2）如何避免聆听错误和帮助孩子面对他们的感受

请看下一段对话：

儿子：我真想打小辉一巴掌！

爸爸：孩子，你生气了？

儿子:我真想狠狠地打他那张肥脸!

爸爸:你这么生他的气啊?

儿子:你知道那个坏家伙干了什么吗? 在车站他无缘无故抢走我的笔记本,扔到了垃圾箱里!

爸爸:嗯!

儿子:我猜他怀疑是我在美术教室把他捏的鸟弄碎的。

爸爸:你这样想啊。

儿子:是啊。他哭的时候,一直盯着我。

爸爸:哦。

儿子:但不是我弄碎的。真的不是我。

爸爸:你知道不是你,所以你感到挺委屈的。

儿子:我不是故意的。那个蠢货把我推倒在课桌上的时候,我根本没办法。

爸爸:别人推了你。

儿子:是啊。好多东西都掉地上了,但只有那个鸟碎了。我没有故意摔碎它,他捏的鸟挺好的。

父亲:是,你真的没有想故意弄碎它。

儿子:没有。但他不相信我。

父亲:你觉得你告诉他真相,他也不会相信你吗?

儿子:我……我应该告诉他,不管他信不信。我觉得他也应该向我道歉,不该把我的本子扔到垃圾箱里。

这位父亲发现,他并没有提任何问题,孩子竟然把事情原委都告诉了他。他也没有给孩子任何建议,孩子自己就找到了解决的方法。他甚至不敢相信,他只是用心倾听孩子说话、回应他的感受,就对孩子有这么大的帮助。

5 分钟亲子对话

让我们在实际的练习中修改"本能回馈",把积极聆听的回馈变成一项美妙的沟通,如果有人愿意真正倾听,认同我内心的伤痛,给我机会让我多说说我的困扰,我会感觉没有那么郁闷和困惑,也更能处理好自己的情绪和面临的问题。

例如:

分析:你这么感受,一定是因为你在小的时候,曾经有过类似的经历,导致你现在一蹶不振,不想上学了是吧!

尝试:你觉得老师没有理解你,你心里挺难受的是吧!

练习:

(1) 低估:这没什么。不值得你这么郁闷。你可能只是累了,才小题大做的。其实,情况没你想象的那么糟糕。来,笑一笑,你笑起来真好看。

尝试:_____

(2) 讲道理:生活就是这样的。不如意之事常常会有。要学会看开些,世上没绝对完美的事情。

尝试:_____

(3) 给建议:我告诉你该怎么做。明天一早直接到老师办公室,对他说:"我错了。"然后赶紧把老师布置的作业做完。别去理会其他小事。明智点,想保住中队长工作的话,最好别再让类似的事情发生了。

尝试：_____

（4）提问：是什么急事让你竟然把老师布置的作业给忘了？你不知道如果不马上做，老师会生气吗？

尝试：_____

（5）高估：你太仇恨老师了！

尝试：_____

（6）增添：你觉得他是一个不会理解别人，非常差劲的老师。

尝试：_____

（7）过分同情：真可怜。真是太糟糕了。我真为你难过，我都想哭了。

尝试：_____

（8）省略：你觉得自己太倒霉了。

尝试：_____

5分钟亲子互动

在聆听的练习中，请孩子对父母的专注及聆听技巧给予回馈。请孩子扮演"观察者"父母扮演"聆听者"，"观察者"清楚地看到了这练习的整个过程。填写表格的每一部分，并将其反馈给"聆听者"，然后两个人一起讨论你所给的反馈。

（1）记录聆听者使用绊脚石的次数

①命令_____　②威胁_____　③说教_____

④建议_____ ⑤论理_____ ⑥责备_____

⑦赞美_____ ⑧侮辱_____ ⑨分析_____

⑩使安心_____ ⑪质问_____ ⑫转移_____

（2）记录聆听者积极聆听的典型错误。

①高估_____ ②低估_____ ③增添_____

④省略_____ ⑤催促_____ ⑥迟钝_____

⑦分析_____ ⑧重复_____

（3）观察记录聆听的整个过程

聆听	内　容	打"√"		
		非常好	好	并不是很好
专注的行为	保持目光接触。			
	身体姿势保持开放并向前倾。			
一般聆听	静静地接纳并表示开心。			
	表示接纳肯定。（使用语言或声音）			
	使用引导性话题/邀请他继续讲下去。			
积极聆听	给予回馈。（包括内容和情感）			
	使用有感情的语调及注意面部的表情。			

5 分钟亲子活动

（1）玩偶活动

如果你的孩子有玩偶，或者布娃娃，或者毛绒动物玩具，甚至是只有两只短袜，就可以开始了。根据孩子的意愿和兴趣，你可以拿着两个玩偶，或者你和孩子各拿一个。她可能会想两个玩偶都由她拿，来为你表演一出戏。当你们玩玩偶游戏的时候，要给玩偶出一个话题。例如，你可以假装一个玩偶想要出去玩，但另一个玩偶想待在家里玩。可以通过问玩偶类似下面这样的问题，来指导孩子完成聆听沟通。"有什么问题？""你对此有什么感觉？""你怎样才能解决这个问题？""如果你那么做，可能会发生什么？"

（2）记录簿

刚开始的时候，给孩子一本随便什么记事本，让他们可以在上面画画来记下他们的问题和感受。例如，可以鼓励孩子们画一张脸，来表示他们当时对某个话题或者困扰的感受。让他们画一张自己沟通解决困扰的画面，然后让他们画一张脸，用来表示如果他们选择的办法解决了困扰他们会有什么感受。如果你的孩子愿意，还可以让他们把困扰和解决办法说给你听。在你把故事写进他们的记录簿后，可以让他们给故事配插图。以后，你的孩子会喜欢翻翻这个记录簿，听你说起他们的困扰，以及他们是如何解决困扰的。这种图画、记述和阅读，可以帮助孩子们练习思考问题、考虑感受以及思考解决办法和产生的后果。

第六章　沟通的满足

第一节　无问题区的"我讯息"

5分钟心灵故事

扁鹊有一次到了魏国,魏文王接见了他,问道:"听闻你家中有兄弟三人,都精于医术,但不知哪一位的医术最好呢?"扁鹊答道:"我大哥医术最好,我二哥排第二,三兄弟中我医术最差。"魏王觉得奇怪:"那么为什么你会最出名呢?"扁鹊答道:"我大哥,于病情发作之前就进行处理,使周围的人疾病消弭于无形,外人无从知晓,所以只有我们家里面的人才知道他的医术最高。而我二哥,在病情还十分轻微时,就将疾病治愈,在他手上,疾病不能发展成大病、重病,所以周围的乡亲都认为他只能治小病,所以名声只限于本乡。只有我,到了病情比较明显,或者比较重的时候,才知道病因,而运用药物、针灸等方法治好重病、难治之症,大家都以为我的医术高明,所以我的名声响遍数国。"

我们姑且不论扁鹊的谦虚,单从治病的结果来说,三兄弟都是神医,但从三种结果可以看出:事中防范优于事后防范,事前防范优于事中防范,是故有"圣人不治已病治未病,不治已乱治未乱"之说。

5分钟"效能训练"

(1) 感受词汇参考

① 下列词语可用来表达我们的需要得到满足时的感受:

兴奋 喜悦 欣喜 甜蜜 精力充沛 兴高采烈 感激 感动 乐观 自信 振作 振奋 开心 高兴 快乐 愉快 幸福 陶醉 满足 欣慰 心旷神怡 喜出望外 平静 自在舒适 放松 踏实 安全 温暖 放心 无忧无虑

② 下列词语可用来表达我们的需要没有得到满足时的感受:

害怕 担心 焦虑 忧虑 着急 紧张 心神不宁 心烦意乱 忧伤 沮丧 灰心 气馁 泄气 绝望 伤感 凄凉 悲伤 恼怒 愤怒 烦恼 苦恼 生气 厌烦 不满 不快 不耐烦 不高兴 震惊 失望 困惑 茫然 寂寞 孤独 郁闷 难过 悲观 沉重 麻木 筋疲力尽 委靡不振 疲惫不堪 昏昏欲睡 无精打采 尴尬 惭愧 内疚 妒忌 遗憾 不舒服

（2）有效沟通的元素

① 清晰：简单、不复杂及易懂。要让你的沟通简短。既省时又避免窘境的发生。

② 内外一致：你所想的和你所感觉的要跟你所展现的和你所说的要一致。孩子经常相信他们自己亲眼所看到的，父母也是。

③ 保持链接：要知道你谈话的对象是谁及孩子或大人是如何沟通的，这非常重要。如果你的孩子感觉到你跟她及她的世界链接了，她就会更多的注意并聆听你的话语。

（3）三类"我讯息"

① 我讯息：只表明自己被孩子的行为所波及的感受，对事不对人。是真实的、诚实的、一致的，表达出你真实的想法和感受强度。

② 表白性的我讯息：对他人表露你的信念、观点、喜好、不喜欢的事、感觉、想法、反应，或是其他能让他人更了解你或更了解你生活经验的陈述。例如："我相信老师给你布置的家庭作业是很重要的。"

③ 预防性的我讯息：让你的孩子或其他的人知道你想达成的某些未来需求，以及希望做到或看到发生的事，大大地增加了他人调整他们自己行为的机会，而不致阻碍你的需求。这样的讯息能预防冲突和问题的产生。在家使用这种预防性我讯息尤其有用。例如："今晚爸爸在房间里不想被打扰，直

到我把工作干完。"

④ 肯定性我讯息：肯定性我讯息是赞赏、爱、高兴以及对孩子（配偶，朋友及家人）的爱，不是用来操纵或"塑造"孩子行为的工具，是"不附带任何条件的来表达对孩子的接纳和肯定"。因此，肯定性我讯息能建立更温暖、更亲密、且更愉快的人际关系。例如："宝贝，我真的很喜欢你写的故事。"

（4）无问题区开放自我的好处

可接纳区	小孩拥有问题	协助小孩自行解决问题的技巧
	无问题区	加强亲子关系的技巧及方法
接纳线	父母拥有问题	当父母无法接纳孩子行为时的处理技巧
不可接纳区	双方拥有问题	解决冲突的技巧，让双方需求都得到满足

当亲子双方沟通没有特别不舒服的情况出现，说明正处于"无问题区"，这是可以加强亲子关系，增进联结的好时机。

① 更了解你自己

当你向你的孩子或他人表露自己时，你同时也在和自己对话。你在和你自己的想法、感受、价值观以及信念接触。因此，你对自己的内在体验更能保持觉知，负责任和控制。

② 更喜欢你自己

当你对你的孩子开放、诚实、坦白时，你会对自己身为一名父母、身为一个人的感觉更好。当你在表达你是谁以及你的思想信念时。你会感觉到自己的坚强、负责任及自信。

③ 让他人更了解你

开放自我可以让他人更加准确地了解真正的你。你的孩子会了解你想要他们知道的重要想法、感受及价值观。他们不会感到茫然困惑。也不会为你的立场感到忧虑。当你重新了解真正的自己之后，便能消除内心的不安、紧张和不确定感。

④ 能鼓励孩子开放自我

你的开放、直接及诚恳，会鼓励你的孩子以及周围的人也和你一样。当父母能够以身作则、坦诚表达时，家庭中的"坦诚"气氛便很容易传染开来，而且每一个成员皆会有"家是安全的地方"的感觉。它能让每一个人表达真实的想法及感觉。一般而言，这种开放自我的方式，能使家人更紧密地结合在一起。冷漠、疏远、和紧张减少了。取而代之的是信任及相互的关怀。

⑤ 能够避免冲突

当家中的成员对你的需求有清楚的了解时，他们便较能够满足你的需求。由于不了解或需求未经沟通而跟你孩子产生冲突的机会，将大大地减少。

开放及清楚地表达自己，可以排除人际关系中你不想要的、没有准备好的、或没有预期的事物的发生。在一个开放、坦诚的家庭中，紧张、愤怒、无言苦楚便无处滋长。

5分钟亲子范例

(1) 做父母特别是身为父亲,感觉自己特别的理性,要和自己的情绪呆在一起非常地难,可以说出脑海里的事,但不是真正的感觉,只是想法。

例如:孩子在画画,父母总想去表达一下,于是我们会经常听到如下的话语:

爸爸:你画得很好,非常认真,太棒了。

这样也是可以的,总是在使用评价,事对事而非人对人。如果用肯定性我讯息的话会达到非常好的效果。

爸爸:①宝贝,我非常喜欢你画的画。

② 我感到你认真画画的样子我特别喜欢。

③ 你画的画太让我感动了。

这样的表达让孩子特别和父母有联结的感觉,他能通过父母的表达学会如何与人联结,也能够从父母身上获得支持。

(2) 对他人特别是孩子表露你的信念、观点、喜好、不喜欢的事、感觉、想法、反应,对于父母来说,会滋生出一种忧虑感,担心会被剥夺什么,会失去什么,或者因为某种需求无法满足而受苦。可能会有这样的话传达给孩子:

例如:孩子不按时睡觉,父母想让他早些上床,可能会这样和他说:

妈妈:按时睡觉是一个好孩子的行为。

这样的话语会让孩子感觉有些冷冰冰的,而且自己也被暗暗地冠以"坏孩子"的头衔。如果用表白性我讯息的陈述,能让他人更了解你或更了解你生活经验的陈述。

妈妈:①我相信按时睡觉能够给人带来良好心情。

② 我觉得按时睡觉对保证身体健康是很重要的。

③ 宝贝,明天要早起,时间到了,我想你应该去睡觉了。

这样的表达言简意赅,你藉着和自己的感觉沟通联系,达成让孩子改变行为的目的,当父母有感觉的时候,适时表达,孩子有了良好的联结,也能够感受到。

(3) 父母有时候也挺为难,既要做父母,难免回家有工作要拓展,怎样两全,玩到兴致突然停下,还是工作到一半陪孩子? 于是可能会有这样的画面:

例如:孩子等了半天爸爸,爸爸一直在工作,于是他去骚扰一下爸爸,也许爸爸会喜欢和自己玩。

爸爸:你打扰了爸爸,我没有办法完成工作了。

孩子立刻感到非常伤心失望,也会产生愤怒的情绪,继而让亲子联结出现问题。而预防性的我讯息预防冲突和问题的产生。在家使用这种预防性我讯息尤其有用。

爸爸:①今晚爸爸有很多工作,我在房间里不想被打扰,直到把工作干完。

② 我想今天晚上把工作做完,那明天就可以陪你啦。

③ 宝贝我非常想陪你,所以让我抓紧时间把工作做完好吗?

这样的表达大大地增加了他人调整他们自己行为的机

会,让别人能够理解你,而不致阻碍你的需求。

5 分钟亲子对话

准备传送各种"我讯息"以表露你的重要感受及需求。写下每一位家人的姓名或你生活中其他特别的人。在姓名旁边写下你想给他传送的我讯息。下次有机会时,将这条讯息传送给他。

(1) 表白性我讯息

用我信息表达你的观点、想法、态度或价值观。

范例:(对孩子说)	我很喜欢我们的谈话,即使那时我们意见不一致。
① 对某人:(姓名)	你的讯息:
	孩子的反应:
② 对某人:(姓名)	你的讯息:
	孩子的反应:
③ 对某人:(姓名)	你的讯息:
	孩子的反应:

(2) 预防性我讯息

用我讯息告诉他人你的需求或其他一些可以事先预防冲突的事情。

范例:(在早餐的餐桌上,对家人说)	今晚我需要一些时间,这样我便可以按时完成我的工作。	
① 对某人:(姓名)	你的讯息:	
	孩子的反应:	
② 对某人:(姓名)	你的讯息:	
	孩子的反应:	
③ 对某人:(姓名)	你的讯息:	
	孩子的反应:	

（3）肯定性我讯息:用我讯息告诉他人你对他们

　　一个行为的好的感受

范例:对孩子的妈妈说	虽然写文章是我的工作,但是我真的很感激你帮我打字,谢谢你!
① 对某人:(姓名)	你的讯息:
	孩子的反应:
② 对某人:(姓名)	你的讯息:
	孩子的反应:
③ 对某人:(姓名)	你的讯息:
	孩子的反应:

5 分钟亲子互动

（1）辨认自己的情绪

列出你所知道的所有情绪	你经常会有的是哪些情绪	你的孩子认为你经常有哪些情绪

（2）列出相应感觉

孩子的行为	应对你的感觉	和孩子交流的感受

（3）表达自己的感受

我喜欢孩子哪个特质	
我的感受	
我可以怎样表达	当孩子_____时,我感到_____。
孩子的感受	

5 分钟亲子活动

（1）抢答活动

全家人当参赛者,有一个人当主持人,然后再轮换。主持人来告诉大家发生在自己身上的事情,最先知道主持人的感受的人就按抢答器。比如说:"我以为同桌拿了我的橡皮,我责怪了他,可是后来发现是我自己忘在家里了,现在我感到……开始,快抢!" ＊＊说:"尴尬。""加 1 分。"

（2）寻宝专家

三人中的两人回避,一人进行藏宝(宝贝就藏在家中客厅的一个地方）；开始寻宝，首先告知藏宝范围为家中客厅，寻宝者可以向藏宝者提问，藏宝者的回答只能点头（是）或者摇头（不是）；寻宝者用开放式的方式提问，藏宝者可以不作回答；寻宝者依次轮番提问，在 10 个提问之后，先找到宝贝者为胜者。本活动通过培养孩子的分析能力和判断能力，提高解决问题的意识。让孩子在活动中，通过不断调整提问，来寻求答案，其间培养孩子独立解决问题的能力，在自己提问的时候，也要留意对方的提问，以便掌握更多信息，帮助自己调整提问和确立目标。关键是提问，这是在考验孩子整理信息的能力，通过一遍遍提问，不断地排除和确定范围。

第二节　成长性的"面质性我讯息"

5 分钟心灵故事

　　一天，一位美丽的妈妈来找我，看上去年轻、事业有成，只是感觉非常焦虑。在谈话中，我了解到，她有一个十一岁的儿子，马上升初中了，可是半年来几乎没有直接和妈妈说话交流。在妈妈的眼里，儿子满身都是缺点，自己操碎了心忙坏了身体，都不见"浪子回头"。妈妈还拿出了一本精美的小本子，上面工工整整地记录着儿子每天"犯"的错误……看着这本本子，我却有心碎的感觉。听完她的倾诉，我没多说什么,最后在纸条上写了 5 个字交给她,算是给她布置的一个作业,请她务必按照要求去做,两周后完成作业再来交流。想必大家一定在猜想我给这位母亲写了哪 5 个字了?

我给美丽妈妈的 5 个字就是"优点和拥抱"。

建议之一是:请妈妈再准备一个小本子,这次不是写孩子的缺点,而是记录孩子每天的优点,有多少写多少,至少三条,而且和爸爸一起写。建议之二是:拥抱孩子。

一周过后,这一家三口都来找我了,并递上了另一本小本子。我聆听了他们的故事。孩子认为妈妈看他的眼神不一样了(找优点的眼神和找缺点的眼神是不同的哟!),说话也柔和了很多(一是看孩子顺眼了,二是我布置了拥抱的作业,凶巴巴地谁搭理你啊!);父亲也认为自己的家庭地位史无前例地高,主要是一开始妈妈找不出优点要向爸爸请教(被尊重和存在感),而且两个人一起写儿子的优点(共同讨论,变成"我们"事,有共同的目标追求,夫妻感情好);妈妈刚开始写孩子的优点时还不难,难就难在拥抱孩子。妈妈费了很多心思,甚至于儿子睡前讲故事给他听。儿子也不傻,当他发现妈妈确实有诚意,就给个台阶。终于有一次,是在一周以后,借着妈妈做了一道他喜欢的菜,孩子轻轻地抱了妈妈一下,虽然只有半秒,妈妈却仿佛过了几个世纪的感觉(激动啊!)。然后——就不用然后了,他们讲完了故事,开开心心地走了。

5 分钟"效能训练"

（1）面质性我讯息

在父母因为无法接纳孩子的行为而产生问题时，另一种强而有力的我讯息可以给父母提供解决方法并解决问题，处理不可接纳的行为，这就是面质性我讯息的功能。

三项要素：

① 不加批评地描述孩子所说的和所做的、给父母带来困扰的事情；

② 孩子的行为为父母带来特定的、具体的且不希望有的影响；

③ 父母对孩子行为给自己带来不好影响的感受强度。

面质性我讯息对于改变孩子的行为具有影响力。因为它能够避免责骂孩子，同时让孩子知道他的行为如何伤害了父母。而且父母也希望孩子能够负起责任，协助父母解决困难。例如："如果你在椅子上踢来踢去，我很担心它会被弄脏且弄坏，那我就必须要花钱和时间来处理这个问题。"

（2）你讯息

指责孩子不改做出的行为，直接批判其人其行。往往带有强烈指责、贬损甚至人身攻击的意味。当对方感觉到我们正指着他的鼻子在批评、责备他时，他的未成熟的小孩自我不免就被勾引出来,而充满防御性地开始反击、挑衅我们,因为没有人会喜欢被贴上标签、被烙上印或被分类。例如:"你把家还当个家吗? 想几点回来就几点回来?"表面上看来,我讯息的观念和形式似乎很明显而且很简单。但是我们大部分人都不会以这种方式来开放自我,反而常常以"你讯息"的方式来沟通——我们谈论"你——那边"而不是"我——这里",因此,我们无法表达自己内在真正的感受和想法。

(3)"你讯息"和"我讯息"的比较

你讯息	我讯息
"你一定是在开玩笑! 你不可能是认真的!"	"我不同意那样…我的意见是……"
"你真是个好孩子! 你是妈妈的小帮手。"	"喔! 我很高兴你帮我的忙,我真的非常喜欢。"
"你很粗鲁。而且不知道体谅他人。"	"我在看新闻时,我不喜欢你说话这么大声。因为我听不见新闻报道。"
"如果你们不让我知道周末的计划。那么我就可能不会开车载你们去。"	"我想早点知道你们的周末计划,以便调整我自己的计划。"

我讯息是有效的沟通技巧。但它不只是技巧而已。它是一个简单的事实。这是一个具有强大价值的工具,为了你的孩子,为了你所关心的人,也为了你自己,做好这个榜样。

（4）面质性我讯息不起作用的六个原因

原　因	内　容	做　法
1. 不完整的我讯息	很多情况下,缺少三部分中的一部分,导致信息不完整或者没有效果。	完整的三部分: ① 非责备的行为描述 ② 该行为对你的影响 ③ 该影响带给你的感受
2. 隐藏的你讯息	包含着责备式或者贴标签式的信息。 比如"当你这么脏兮兮时……",或者包含解决办法:"你把音乐声开得那么大,烦死了,我都不能专心工作,所以把它关了。"	从责备改为行为的描述,比如:把凌乱改为,"当你把玩具弄得满地都是时,"不要附带你的解决方法:所以去掉"所以把它关了"这样的话语。 记住:你的目标就是让孩子找到自己的解决方法(同时你也能接受)。
3. 讯息太弱或太强	在这种不能接纳的行为持续了几个礼拜后,你却只说:我现在只是有一点难受因为……,或者当你的孩子行为相对轻微时,如果你说"我真的很愤怒因为……",那么就太强烈了。	根据具体情况调整你的讯息强度。
4. 持续的行为是在满足要求	当孩子明白他的行为对你的影响和感受,但是仍然继续他的行为,因为这样能满足他的某些重要需求。这表明这是个"关系拥有"的问题,你们双方都有满足的需求。	倾听你的孩子,认识到你俩都有被满足的需求,使用第三法的问题解决法(在第七章阐述)想出一个使双方都满足的方法。

（续表）

原 因	内 容	做 法
5. 行为对你没有产生任何影响	你不喜欢孩子的行为但它并没有对你产生实际的影响。	这可能表明你们处于价值观对立中，使用 PET 价值观对立策略（在第八章阐述）处理这种情况。
6. 你的我讯息"冲击"到他人。	我讯息不是责备或者攻击到他人，但是人们都不喜欢自己行为被抵制。你的孩子可能看到责备，伤害，内疚等，然后做出防卫性的反应。	在发送下一个我讯息以前，积极倾听你的孩子来减少她的"情绪冲击"。继续进行这个"转换技巧"的过程，直到她能明白她的行为是怎么影响到你的。

5 分钟亲子范例

有时候，父母回到家中，看到孩子的状况，立刻会惯性地使用多少次传统中的方法来纠正，但是，每每父母说完这些话时，都只能暂时改变孩子的行为，没多久，孩子又故伎重施了。

例如：孩子趴在地板上看漫画。

妈妈：①不准趴在地上看书！（命令式）

② 趴在地上看书，很快就要戴眼镜了！（劝告式）

③ 如果你再趴在地上看书，我就没收你的漫画书！（威胁加恐吓式）

面质性我讯息可以提升你的不带责备地描述对方的行为、表达真实的感受以及描述具体确实影响的技巧。

（1）描述行为

不加责备地描述不可接纳的行为,是指:

① 简单的行为描述。

例如:当衣服放在地板上时。

② 不评判。

例如:当你的衣服乱七八糟时。

③ 没有煽动性的字眼。"总是"、"从未"等。

例如:当你的衣服总是放在地板上时。

（2）描述具体确实的影响

假如一个行为会给你带来以下结果,那这个行为就对你或将对你有实际影响:

① 花费你的时间、精力或金钱。而这些你更愿花在其他地方。

例如,整理脏乱、修补破旧的衣服,进行些不必要的出行等。

② 造成你的身体或感官不舒服。

例如:大的声音、强烈的光线、恶劣的温度、痛苦或伤害等等。

③ 导致丧失部分或全部的物品或其用途等。

例如:打破盘子、遗失书本、将地毯弄脏等等。

④ 使你无法去做你真正想做或需要做的事。

例如:准时赴约、使用网络、做些你真正喜欢做的事等。

（3）描述感觉

① 如果孩子的不可接纳行为对你产生立即的具体影响，那么你对此项行为也会有立即的感受产生。

例如：失望、恼火、受伤、伤心等。

② 如果这个具体的影响后来才产生，那么在你的我讯息中所要表达的感受，通常是对未来有某种的害怕。

例如：担心、关心或焦虑等。

使用"面质性我讯息"后，可以这样对孩子说：

妈妈：孩子，你趴在地上看漫画，我好担心会因为姿势不对、光线不够，而造成视力恶化，我们家现在视力最好的人就是你，所以妈妈希望你有一双明亮又漂亮的眼睛。

当然，有时候"面质性我讯息"也可能会有问题。

（1）隐藏的"你讯息"

很多父母在刚开始学习"我的信息"时，最容易陷入这样的错误陷阱里，他们会对孩子吼叫：

① 我觉得你笨得像猪一样。

② 我快被你的愚蠢气死了。

③ 我深深觉得你就是一个爱说谎话的小孩。

虽然都是以"我觉得"、"我"为首出发信息，但那并不是真正的"我的信息"，因为里面包含着批评、责备、羞辱和不信任，完全是以贬人为主的"你的信息"。

（2）孩子刚开始的拒绝

父母刚开始运用"我的信息"时，孩子往往会故意视而不见、听而不闻。因为，没有人喜欢知道自己的行为妨碍了他人的需求，孩子自然也不会例外。所以，他们有时候宁愿装作"没听见"，来试探父母的反应。这时候，我们建议父母传送第二个"我的信息"，但是，第二次的信息可以较为强烈、郑重，甚至带着更多的情感需求，例如：

① 我正在告诉你，我有被欺骗的感觉。

② 当我受到干扰时，让我深深地感到你这样对待妈妈是不公平的。

③ 当我表示我内心的不安时，你都不理我，我真的觉得好难过。

这类信息可以让孩子明白，"你是当真的"。但是，许多反应灵敏的孩子在接收到父母所传递的"我的信息"时，不一定会马上改变行为，可能他也以"我……"的信息来响应父母，希望父母听听他的感受。

（3）孩子真正心烦的时候

妈妈："你放学回来，书包衣服丢了一地，我下班回来，要赶着弄晚饭，还要花时间收拾，这样的屋子让我觉得好累、好烦，我根本没有力气煮晚饭了。"

儿子："我在学校被老师逼了一天了，妈妈，你就不能让我轻松一下吗？"

这时,父母若想有效地处理类似的问题,就该立刻使用"积极聆听",因为孩子可能原本就有情绪,而母亲传递的"面质性我讯息",引发了孩子的问题,在这个时候,做母亲就该表现出了解与接纳,与孩子再次进入亲子沟通的世界。

5分钟亲子对话

让我们来练习父母运用"面质性我讯息"而获得的良好成效的对话。

例如:母亲在讲电话,孩子不断地来骚扰。

尝试:宝贝你一直和我讲话,我完全听不清楚外婆在跟我说什么,我心里有些烦躁。

(1)练习:孩子用餐时间不肯吃饭,待父母上床后,才来抗议:"妈妈,我肚子饿死了!弄饭给我吃。"

尝试:＿＿＿＿＿＿＿＿＿＿＿＿＿＿＿＿＿

(2)练习:妈妈帮咪咪梳头,她却一味地扭来扭去,妈妈根本没法梳头,这样持续了十多分钟。

尝试:＿＿＿＿＿＿＿＿＿＿＿＿＿＿＿＿＿

(3)练习:孩子赖床,母亲不断地催促,眼看上班的时间迫在眉睫。

尝试:＿＿＿＿＿＿＿＿＿＿＿＿＿＿＿＿＿

(4)全家原本计划好周末一块儿去郊游。但是,出发前一晚小明说第二天要和朋友去游泳。

尝试:＿＿＿＿＿＿＿＿＿＿＿＿＿＿＿＿＿

（5）小华最后一个离开家，但忘了将大门锁上。

尝试：_____

5 分钟亲子互动

（1）描述行为

阅读下列的行为描述。并请选出最没有责备意味的句子打"√"。

① □A. 当你把门打开时……

□B. 当你总是将门打开时……

□C. 当你故意把门打开时……

② □A. 当你一直使用电脑时……

□B. 当你使用电脑超过了我们说定的时间时……

□C. 当你不在乎我也需要用电脑时……

③ □A. 当你很懒，不想按时起床……

□B. 当你只考虑你自己……

□C. 当是时候送你去上学。你却还没准备好出发……

（2）描述具体确实的影响

阅读下列陈述。并选出最能表达出发送者的具体确实影响的"我讯息"句。

① 当你把门打开时……

□A. ……你的妈妈会对你发脾气。

□B. ……你会感冒。

□C. ……我必须付高额的暖气费。

② 当你使用电脑超过了我们说定的时间时……

□A. ……你忽视了你自己的事情。

□B. ……我无法查看我的工作邮箱。

□C. ……我感到很烦心。

③ 当是时候送你上学。你却还没准备好出发……

□A. ……我可能上班会迟到。

□B. ……你不在乎我的需求。

□C. ……你上学会迟到。

（3）描述感觉

请由下列行为及具体影响的描述中。列出你对这些影响可能有的感受。

描述行为及具体的影响	你可能会有的感受
① 在冷天时,当你把门打开,会让暖气消耗更多,那么我就要付出更多的暖气费用……	
② 当你使用电脑超过了我们说定的时间,我就无法查看我的工作邮箱。	
③ 当是时候带你去上学时,你却还没准备好出发。	

答　　案		
第一部分	第二部分	第三部分
1. A	1. C	1. 担心的、愤怒的
2. B	2. B	2. 沮丧的、恼火的
3. C	3. A	3. 担心的、恼火的

（4）阅读下列情境。然后写出包含三部分的

　　完整我讯息

例子：	行为：	具体的影响	感受
你儿子,使用你的工具并将它放在外头院子里而外头开始下起雨来了。	将工具放在外面淋雨。	工具可能会生锈又得花钱买把新的。	担心

完整的我讯息：
　　当你将我的工具放在外头淋雨。我很担心,因为它们可能会生锈,这样我就得花钱去买把新的。
孩子的反应：_____

① 你和你的爱人想要彼此交流一下。谈谈心。你的孩子将音乐声音调的太大。导致你们根本无法听到彼此在说什么,你很恼火。	行为	具体的影响	感受

完整的我讯息：_____
　　孩子的反应：_____

② 大部分时候。当你开车回家时。你发现你的孩子将脚踏车放在路中间。而你对于要搬开脚踏车这种额外的工作。感到很生气。	行为	具体的影响	感受

完整的我讯息：_____
　　孩子的反应：_____

③ 你的儿子和他的玩伴跳到你新买的白色床单上,而你也已看到床单上的污点及留下的痕迹。	行为	具体的影响	感受

完整的我讯息：_____
　　孩子的反应：_____

在完成每部分的练习以后,和孩子交流,听听孩子的意见。

5分钟亲子活动

(1) 接龙编故事

家中的人在一起编故事,随便一个人开口,说出第一句符合主题的句子,然后第二个人接下去,第二个人设置的情节,把故事延续下去。每个人说话不能超过5句,接过来的时候,一定要先重新说出所有前面的人创造的情节(从开始的第一句起),超过10次才能停下,重新开始主题。比如说:我的心情真好/我的想法真棒。

(2) 喜欢和不喜欢的五样东西

亲子一起活动,探讨交流自己喜欢和不喜欢的五样东西。其他人要记住所说人的绝大部分内容,可以互相补充。在每个人都做完一次之后,父母可以问:①"我们为什么玩这个活动? 要想玩好,应该怎么办?"②"我们从活动中了解到以前对彼此不了解的情况了吗?"③"了解别人的情况对于解决彼此之间的困惑问题有什么帮助吗?"请孩子回答活动的意义。每个人必须要认真注意听,才能记住别人说的那些事情。

这个游戏还有一种更具有挑战性的玩法,就是一个人可以说出五种不同的感受,并就这五种感受分别举出一个例子。

其他人必须记住这些感受以及造成这种感受的原因。

第三节　灵活的"问题解决"

5分钟心灵故事

有一个古老的故事，主角是一个农夫，他有3个儿子，他不确定哪一个能接管他的农场。于是他想了个办法来考验他们。他把3个儿子叫来，要他们分别填满谷仓。填得最满的人，就能接管农场。

大儿子想了很久，觉得纸是最密实的材质，最不会留下缝隙，他集了许多吨的废纸，把它们紧紧塞入谷仓，直到装满，父亲觉得他的表现很不错。他几乎没留下任何空间。二儿子的主意更好。他运来许多细沙，把沙从尾顶的洞里倒进去。这是个好主意，父亲更加满意。小儿子做法完全不同。他走进谷仓。几分钟后，他又走出来，邀请父亲进去验收成果。父亲进去时，惊讶地看到，没有纸，没有沙，也没有任何东西，在谷仓的中央，摆着一支小小的蜡烛，它的光穿透黑暗，充满整个谷仓。

爱像一道伟大、永不间断的光，照亮他所碰到的每一样东西，用它的光明，把每一颗心点亮。

5 分钟"效能训练"

(1) 亲子沟通处理原则

情　境	问题所有者	积极聆听	我的讯息
孩子和好朋友吵架了。	孩子	看起来你很难过	
孩子答应要做的家务但却没有做。	父母		你答应要帮忙的家务却没有做,我觉得这样对我很不公平。
孩子作业写到很晚,但还是写不完。	孩子	累了吧! 这么晚功课还不写完,你一定很着急。	
父母在接电话的时候,孩子不断来干扰。	父母		你不断地来打扰我接电话,我觉得心烦,我完全听不到对方说什么。
孩子参加演讲比赛没有得奖。	孩子		比赛输了,你觉得很难过,是吗?

(2) 问题解决策略

① 妈妈提出问题或者让孩子提出问题。

② 告诉孩子,要想出很多不同的办法来解决这个问题。

③ 把想出的主意都写下来。(即使你的孩子还不认字,他们也喜欢看着你把他们说的话写下来。)

④ 问孩子第一个解决办法。如果这个办法与问题相关,

就重复一遍,并肯定这是解决问题的一种方法。要提醒孩子,目标是想出很多不同的方法来解决这个问题。

⑤ 问孩子另一个解决办法,依此类推。记住,正是想出不止一个办法的思考过程,才有助于解决问题。此时,思考本身要比孩子想到了什么更重要。

⑥ 如果很快就想不出解决办法了,要继续深入探究,问孩子:"你说什么能解决这个问题?"或者"你做什么能解决这个问题?"

（3）问题解决策略的提示

① 让孩子不断提出解决办法

孩子们通常认为一个问题只有一个正确的答案,因此,刚开始的时候,当他们已经提出了一个解决办法,而你要求不同的办法时,他们可能会感到困惑。当你问"你能想个不同的办法来解决这个问题吗?"时,孩子可能会认为他们的第一个回答是"错误的"。为了鼓励孩子想出更多的解决办法并灵活思考,在你问他们第二个办法之前,你可以说:"那是一种办法。现在,这个活动目的是想出很多不同的办法。"然后问孩子第二个办法。这就肯定了孩子的第一个回答是正确的,提醒孩子向他们询问不同的办法是活动本身的要求。如果你想称赞孩子想出的一个具体方法,要说"想得好",而不是"这是一个好主意"。一个"好主意"可能这次起作用,但下一次不起作用,这会让孩子不知道下一次怎么做。

② 处理无关或看似无关的回答

　　当你要求孩子提出更多解决办法时,他们有时会提出一个跟问题无关的办法。当出现这种情况时,要先承认孩子的回答,但不要写下来,然后应该向孩子详细解释你想要什么样的答案。还有一些时候,你可能会得到一个看似无关的回答,但如果你要求孩子进一步解释,可能会发现这实际上是完全可以接受的一个解决办法。

　　③ 处理实质相同的解决办法

　　当孩子们提出的解决问题的办法与已经提出的办法意思相同,只是在细节上稍有不同时,就是实质相同的办法。例如,一个孩子提出的办法可能是"告诉她的妈妈"。同一个孩子或者别的孩子可能会按照这个思路建议:"告诉她的爸爸。"出现这种情况时,应把这些实质相同的解决办法归到同一类别中,然后要求孩子提出不同的答案。在这个例子中,父母可以说:"告诉她的妈妈和告诉她的爸爸实质上是相同的办法,因为都是告诉某个人。你们能想出一个与告诉某个人不同的方法吗?"你在回应孩子提出的解决办法时,也要小心,因为你可能实际上会鼓励孩子提出实质相同的办法。例如,你说"这是个好主意",会让孩子以为如果你喜欢"给他糖果",那么你也会喜欢"给他口香糖","给他薯片",以及所有实质是"给他某样东西"的各种办法。如果你发现自己喜欢说"很好"(我们大多数人都会这样说),你不妨说"很好,你想到了不同的办法",或者"很好,你想了个主意"。

　　④ 处理重复别人想法的行为

　　如果不止一个孩子在参加解决问题的活动,当你要求他们提出更多可能的解决办法时,有的孩子常常会重复别人的想法。你可以说:"哦,我相信你能想出不同的办法。"对于那些因为平常不爱说话而学舌的孩子,不要强迫他们想出不同的办法,而是要赞扬他们终于说了些什么,你可以这样评价:"我很高兴听到你也这么说。"或者,你可以让这个孩子拿一个玩偶,问玩偶有什么想法,或者鼓励这个孩子对着玩偶的耳朵悄悄说。

⑤ 处理独占行为

如果你要求一群孩子提出解决办法,但有一个孩子一直在主导着对话,不给其他孩子机会,你可以问那个孩子:"一个孩子占有了所有的机会,一些孩子得不到一点儿机会,这样公平吗?"孩子思考其他人对他或者她的行为有什么感觉,通常是解决这个问题的好办法。

5 分钟亲子范例

在我们用"我能解决问题"方法处理孩子们之间的一个典型问题"打人"之前,我们先看一些多年来我听到过的父母们的反应。在你阅读这些对话时,看看是不是有些你觉得很熟悉。它们指出了父母们处理这个问题时常常使用的几种方式。

(1) 父母代替解决问题

举例:

孩子:小张打我。

妈妈:他什么时候打你的?

孩子:在学校的时候。

妈妈:明天我会跟老师说。

在这段对话中,是妈妈在解决问题。孩子完全没有参与对问题的思考。

(2) 父母建议孩子如何解决问题

举例:

① 孩子:娟娟今天打我了。

妈妈:你也打她。

孩子:她打到了我的鼻子。

妈妈:每次她打你的时候,你也要打她。我不希望你这么懦弱。

孩子:可是我害怕。

妈妈:要是你学不会保护自己,小朋友们就会一直打你。

孩子:那好吧。

② 孩子:荣荣把我推倒了。

妈妈:然后你做了什么?

孩子:我打了他。

妈妈:你不该打他。打人是不好的。你可能会伤到别人。最好是告诉老师。

孩子:那样他会说我是告密者。

妈妈:要是你不告诉老师的话,他会一直打你。

孩子:好的。

这些妈妈忽视了孩子的想法,并提出了他们建议的后果。一个妈妈告诉了孩子该做什么,另一个妈妈则告诉了孩子不要做什么。但是,两位妈妈都没有鼓励孩子自己思考并做出决定。当你告诉孩子如何解决问题时,不管你是否向孩子解释你的建议,你都失去了鼓励孩子提出自己的想法的机会。如果你坚持某个办法是最好的,就像上面的例子中那样,孩子就会感到沮丧,不再进一步思考该做什么,只剩下担心如何按照你的建议去做了。这些妈妈的意图虽好,但他们忽略了孩子对问题的看法,永远知道不了孩子当时为什么会挨打。有时候,妈妈也会发现孩子为什么挨打,但是依然只关心他们认为孩子该怎么做。例如:不同的建议,但她们用的是同一种方法。

③ 妈妈:他为什么打你?

孩子:我不知道。

妈妈:你先打他了,拿了他的玩具,还是别的什么原因?

孩子:我拿了他的书。

妈妈:你应该拿别人的东西吗?

孩子:不应该。

妈妈:当你想要一个东西的时候,应该怎么做?

孩子:请求别人给我。

妈妈:对,你应该请求。你拿他的书是不对的,所以他才打你。

这个妈妈仍然是把她自己的解决办法强加给孩子,而不是以孩子的观点找出解决办法。有些妈妈在对话中会提到别人的感受。但是，只告诉孩子别人有什么感受，并不能促使孩子作进一步思考：

④ 妈妈：莎莎为什么打你？

孩子：她的朋友叫她打我的。

妈妈：那一定让你很生气。

孩子：是的，我要把沙子扔到她脸上。

妈妈：如果你那么做，她会生气，那你们就真的要大打出手了。拿出做大姐姐的风度来，不要理她。

这个妈妈谈到了别人的感受，但是只关注了教孩子不要打人。在这些例子中，妈妈提出的建议虽然有所不同，但方式都是一样的：妈妈替孩子思考。接下来我们来进行一个完整关于打人的"我能解决问题"对话，提醒父母们不要忘了向孩子问某些问题的初衷，我们会在必要的时候指出相应的步骤。当这些问题发生时，注意倾听，然后问孩子一些能够促使他们用"我能解决问题"方法进行思考的问题。

(3) 鼓动孩子自己解决问题

举例：

妈妈：小强，谁打你了？

孩子：小志。

妈妈：发生了什么事？他为什么打你？（想知道孩子对问题的看法。）

孩子：他就是打了我。

妈妈：你是说他无缘无故地打你？（鼓励孩子思考事情的

起因。)

孩子:哦,是我先打他的。

妈妈:为什么呢?

孩子:他不让我看他的书。

妈妈:当你打小志的时候,他会有什么感觉?(引导孩子考虑他人的感受。)

孩子:生气。

妈妈:你知道他为什么不让你看他的书吗?(引导孩子理解他人的观点。)

孩子:不知道。

妈妈:你怎样才能知道呢?

孩子:我可以问他。

妈妈:那你去问他吧,就看他肯不肯告诉你。(鼓励孩子搞清事实,发现问题。)

孩子:他说我从来不让他看我的书。

妈妈:现在你知道他为什么不让你看他的书了,你能想想自己做什么或说什么,他才会让你看他的书吗?(妈妈鼓励孩子思考解决问题的办法。)

孩子:我可以不再跟他玩了。

妈妈:如果你这样做,可能会发生什么?(引导孩子思考解决办法的后果。)

孩子:他可能不愿再做我的朋友了。

妈妈:你想让他做你的朋友吗?

孩子:想。

妈妈：你能想个不同的做法，使他愿意继续做你的朋友吗？（鼓励孩子进一步思考解决办法。）

孩子：我可以拿本书给他看。

妈妈：这是个不错的主意。你为什么不试试呢？

当这位妈妈发现自己的孩子先动手打人时，她没有提建议或者从打人的正反两方面来对孩子进行说教，而是继续用"我能解决问题"对话法，鼓励孩子考虑小志的感受和最初的问题（想要书）。然后，她帮助孩子思考多种办法来解决问题，并考虑这些办法可能会带来什么样的后果。最后，是孩子而不是家长解决了这个问题。

5 分钟亲子对话

一个完整的"我能解决问题"对话包括四部分，能够帮助孩子：

① 明确问题所在。

② 理解自己及他人的感受。

③ 思考解决问题的办法。

④ 预估解决办法的后果。

（1）举例：孩子抢了同学的作业

尝试：

妈妈：宝贝，老师告诉我你又抢别人的作业了。告诉我是怎么回事？（妈妈帮助孩子认识问题。）

孩子:小康拿了我的尺,不肯还给我。

妈妈:你当时为什么一定要拿回来?

孩子:因为他已经用了很长时间了。

妈妈:你那样抢过去,你觉得小康会有什么感觉?(妈妈帮助孩子考虑其他孩子的感受。)

孩子:很生气,但我不在乎,因为尺是我的。

妈妈:你抢尺的时候,小康做什么了?(妈妈帮助孩子思考行为的后果。)

孩子:他打我。

妈妈:那让你有什么感觉?(妈妈帮助孩子思考自己的感受。)

孩子:生气。

妈妈:你很生气,你的朋友也很生气,并且他打了你。你能想一个你们俩都不生气,而小康也不会打你的方法拿回尺吗?

孩子:我可以请他给我。

妈妈:那样的话可能会发生什么呢?(妈妈指导孩子思考正面的解决办法会产生的后果。)

孩子:他会说不。

妈妈:他可能会说不。宝贝你能想个不同的办法既能让自己拿回尺,又不让你们两个人都生气,而且小康也不会打你吗?(继续把重点放在孩子的问题上,妈妈鼓励他想出更多的解决办法。)

孩子:我可以让他先借别人的尺用。

妈妈:好主意。你想出了两种不同的方法。

(2) 练习:你的孩子撕碎了别人的书

尝试:

① 明确问题所在。

_____

② 理解自己及他人的感受。

_____

③ 思考解决问题的办法。

_____

④ 预估解决办法的后果。

_____

5 分钟亲子互动

可能有时候你会忘了这种方式,告诉孩子如何解决一个问题,而不是让他们自己思考如何解决问题。那我们要努力鼓励孩子思考问题,而不是由你告诉他如何解决问题。下面是一些"孩子之间发生问题"和"亲子之间发生问题"的选择,请选出"解决问题法"。

(1) 孩子之间的问题

① 8 岁的小杰很苦恼,因为 6 岁的妹妹小贝又在打扰他。他朝她大叫道:"走开!"

你对小贝说:(　　)

a. 现在不是打扰哥哥的时候。他正在做作业。

b. 如果你再打扰哥哥,就让你回你自己屋里去了。

c. 为什么你现在不做自己的作业?

d. 现在是和哥哥说话的好时候吗?

你对小杰说:(　　)

a. 不要对妹妹大喊大叫。这不好。

b. 你能否想出一个别的办法,告诉妹妹你有什么感受吗:

c. 我不允许你那样和妹妹说话!

② 8 岁的女儿无论什么事情都责怪哥哥,包括在玩棋盘游戏的时候骰子滚出来的点数不好,"是他使我把骰子掷不好的。"她抱怨说,"他的棋子总是挡路。"

你对她说:(　　)

a. 那不是哥哥的错。我们大家都有掷不好的时候。

b. 如果你这样,哥哥就不和你玩了。

c. 别再像个小婴儿! 他并没有想伤害你。

d. 如果你认为他的棋子碍事,你可以对他说什么?

③ 9 岁的小方和 11 岁的姐姐小林在同一时间想看不同的节目,他换了频道。你对小方说:(　　)

a. 当你们俩同时想看不同的节目时,你可以说或做什么?

b. 马上换回原来的频道 1

c. 你对姐姐不公平。她让你看你想看的节目。

　　d. 你有什么权利换频道!

　　④ 你 10 岁的女儿很伤心,因为她的朋友把她的秘密泄露给了另外一个女孩儿。你说:(　　)

　　a. 告诉她,她破坏了你对她的信任,你感到很伤心。

　　b. 如果你害怕告诉她你感到伤心,就让一个朋友告诉她。

　　c. 如果你不把自己的感受告诉她,她以后还会这样做。

　　d. 当有人那样对待你时,你能说什么或做什么?

　　答案①d b　②d　③a　④d

　　(2) 父母与孩子之间的问题

　　① 你告诉 8 岁的女儿,她那天下午在完成家庭作业之前,不能和朋友玩。她说:"妈妈,我恨你。"

　　你说:(　　)

　　a. 我不恨你。

　　b. 我知道你生气了,但是你必须做完作业。

　　c. 你能想到个不同的办法告诉我你的感受吗?

　　② 你 9 岁的儿子认为自己受到的惩罚比妹妹受到的多,并说:"你更爱她。"

　　你说:(　　)

　　a. 不,不是这样的。我爱你们两个是一样的。

　　b. 你应该很清楚。

　　c. 你为什么那样想?

　　③ 撒谎。你 11 岁的儿子坚持说自己没有打碎玻璃,是

另外一个男孩扔的球。

你说:(　　)

a. 我非常生气你在撒谎。

b. 假如你不说实话,你想我会有什么感受?

c. 你不听我们的话,把球冲着房子扔,已经够糟糕了,你还跟我们撒谎。

d. 用你的零用钱修玻璃。

④ 9 岁的儿子对爸爸说:"那太蠢了。"

爸爸说:(　　　)

a. 别跟我顶嘴! 我是父亲,你是孩子。你不懂吗?

b. 当你跟我顶嘴的时候,我感到非常生气。

c. 你能想个不同的办法告诉我你的感受吗?

答案:①c　②c　③b　④c

5 分钟亲子活动

(1) 井字活动

父母和孩子一起玩,先在纸上画一个"井",提出一个议题,如果想出解决办法就可以在格子里标上记号——用 O 或者 X 来表示。如果想不出解决办法或者说了一个别人已经说过的解决办法,那么这一次就不能做记号了。那么在提出不同的解决办法时,父母将是孩子的竞争对手。如果父母在和两个孩子一起玩时,就让这两个孩子互相竞争。如果父母在跟两个以上的孩子玩时,就让他们轮流玩。要记住,只有当孩子提出新的、与问题有关的解决办法时,才能让他们在格子里画 X 或 O。实质相同的回答和与问题无关的回答不算。

(2) 玩偶对话

根据孩子的意愿和兴趣,父母可以拿着两个玩偶,或者和孩子各拿一个。随着孩子对"我能解决问题"的思考技巧越来越自信,她可能会想两个玩偶都由她拿,来为你表演一出戏。当你们玩玩偶游戏的时候,要给玩偶出一个需要解决的问题。例如,你可以假装一个玩偶想要出去玩时,但另一个玩偶想待在家里玩时。可以通过问玩偶类似下面这样的问题,来指导孩子完成"我能解决问题"对话的四个部分:

① "有什么问题?"

② "你对此有什么感觉?"

③ "你怎样才能解决这个问题?"

④ "如果你那么做,可能会发生什么?"

第七章　神秘的"第三法"

第一节　需求的力量

5分钟心灵故事

一位先生和太太来找我,两位准备要各自分开。长长的沙发两个人分两头坐着,先生不停叹气,太太止不住抹眼泪。看上去是非常痛苦的两个人。女士优先,我请太太先开口。

"他总是说忙,每天晚上很晚到家,甚至说经常出差,从来不管孩子,孩子都要初中毕业了,我看爸爸长啥样都要忘了。"充满了怨气,让我想起了"祥林嫂。""她一点也不体谅我,男人的事也很重要,我正在发展期,怎么能只顾着小家庭呢?单位里的员工都在加班,你叫我这个主管怎么好意思早走?"听上去振振有词,一说起工作,男人立刻有了底气。"那你不回来算了,反正我和孩子两个人过也挺好。"语气虽硬,女人的语气却满含着辛酸和无奈。

"好吧,我先解释一下我不是调解员,不过我非常想牵一牵红线。"我先开了一个玩笑,仿佛和这个气氛不搭调。他们疑惑地看了看我。我问他们当时结婚的目的是什么?沉思半晌,男人说:"有个家呗,老婆孩子,热腾腾的饭,工作的时候很有干劲。"女人说:"有个家,有个丈夫可以理解你,有人说说话,有孩子,一家人幸福。""是啊,其实大家的初衷是差不多的,才会走到一起,这是婚姻共同的需求,爱和归属的需求。"他俩互相看了一眼,眼睛里有什么东西闪了一下。"那完成这个目标的过程中你俩为对方做了什么呢?"于是男人如数家珍怎么挣钱,女人絮絮叨叨如何把家里收拾安排好……我先肯定了对方的付出,然后轻轻说了一句"男人除了挣钱的部分才是丈夫,女人除了家务的部分才是妻子。"他们默不作声。我又问道:"对照一下目标,你们还可以为对方做什么呢?"

女人又开始抱怨对方了,可能是长期的模式,或者人都不愿意去想自己有什么应该做的,大部分的人是需要成长的。我换了一个方式:"其实我知道,孩子只是幌子,你真正想说的是——老公,我需要你早些回家来,陪我,是吗?"看着女人欲言又止,我果然说中了她真正的需要。然后我邀请她跟随我把这句话说出来,费了半天劲,终于挤出了这句话。

而令我意想不到的是,男人过来一把抱住了女人……

5分钟"效能训练"

（1）马斯洛需求层次理论

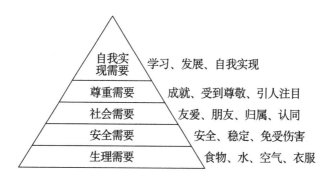

① 生理需求

也称级别最低、最具优势的需求，如：食物、水、空气、性欲、健康。未满足生理需求的特征：什么都不想，只想让自己活下去，思考能力、道德观明显变得脆弱。例如：当一个人极需要食物时，会不择手段地抢夺食物。人民在战乱时，是不会排队领面包的。

② 安全需求

同样属于低级别的需求，其中包括对人身安全、生活稳定以及免遭痛苦、威胁或疾病等。缺乏安全感的特征：感到自己对身边的事物受到威胁，觉得这世界是不公平或是危险的。认为一切事物都是危险的、而变的紧张、彷徨不安、认为一切事物都是"恶"的。例如：一个孩子，在学校被同学欺负、受到老师不公平的对待，而开始变得不相信这社会，变得不敢表现自己、不敢拥有社交生活(因为他认为社交是危险的),而借此来保护自身安全。

③ 社交需求

属于较高层次的需求,如:对友谊、爱情以及隶属关系的需求。缺乏社交需求的特征:因为没有感受到身边人的关怀,而认为自己没有价值活在这世界上。例如:一个没有受到父母关怀的青少年,认为自己在家庭中没有价值,所以在学校交朋友,无视道德观和理性地积极地寻找朋友或是同类。

④ 尊重需求

属于较高层次的需求,如:成就、名声、地位和晋升机会等。尊重需求既包括对成就或自我价值的个人感觉,也包括他人对自己的认可与尊重。无法满足尊重需求的特征:变的很爱面子,或是很积极地用行动来让别人认同自己,也很容易被虚荣所吸引。例如:利用暴力来证明自己的强悍、努力读书让自己成为医生、律师来证明自己在这社会的存在和价值。

⑤ 自我实现需求

是最高层次的需求,包括针对于真善美至高人生境界获得的需求,因此前面四项需求都能满足,最高层次的需求方能相继产生,是一种衍生性需求,如:自我实现,发挥潜能等。缺乏自我实现需求的特征:觉得自己的生活被空虚感给推动着,要自己去做一些身为一个"人"应该在这世上做的事,极需要有让他能更充实自己的事物、尤其是让一个人深刻的体验到自己没有白活在这世界上的事物。也开始认为,价值观、道德观胜过金钱、爱人、尊重和社会的偏见。例如:一个真心为了帮助他人而捐款的人；一位武术家、运动家把自己的体能练到极致，让自己成为世界一流或是单纯只为了超越自己；一位企业家，真心认为自己所经营的事业能为这社会带来价值，为了比昨天更好而工作。

（2）帮助孩子感受到归属感和自我价值感

每个人都在寻求得到归属和自我价值的方式。如果一个人或多或少地依赖于另一个人来满足他的需求，那么他总是会对这个人产生深深的怨恨和愤怒，这是任何年龄的人的普遍反应。如果你的孩子认为自己没有人爱或没有归属，他们往往会以错误的方式寻求归属感和自我价值感。孩子们意识不到自己的错误目的，因为这些目的是建立在潜藏的需求之上的。一旦你理解了孩子们做出的一些行为，这些行为是因为他们丧失了信心，能够理解孩子行为背后的需求，而不是只处理孩子的行为时，你会有效得多。我们称之为"四个错误行为目的"。

① 寻求过度关注

检查一下你自己对孩子行为的情感反应。如果你对自己孩子行为的情感反应是恼怒、内疚或担忧，你的孩子可能是在寻求过度关注。他的行为虽然令人恼怒，但他的需求是："关注我，让我参与并发挥作用。"要多给孩子一些主动的拥抱。要安排固定的特别时光。要和你的孩子一起做头脑风暴，想出对你们双方都有益的得到关注的方法。要忽略孩子为得到关注而作出的令你恼怒的尝试。相反，要让孩子知道你对他不断地要这要那感到恼怒,并要告诉他,如果他想得到关注,只需说出来就行。他可以通过说"我需要一些关注。我想要一个拥抱,想玩游戏,想告诉你一些事情,等等"来要求关注,并且你会很高兴地给他这种关注。

② 寻求权力

如果你对孩子行为的反应是感到愤怒或沮丧,这就标志着孩子的错误信念可能是寻求权力。他的行为看似挑衅,但他的需求是:"让我帮忙,给我选择。"要承担起你自己在造成这种权力之争中的责任,并要告诉孩子:"我可以看到自己对你控制太多了。难怪你会反抗。"在你和孩子都冷静下来之后,要让孩子你一起考虑问题的解决方案。这将有助于你创造一种双赢的局面,而不是使权力之争恶化或变成报复。

③ 报复

如果你感到伤心、失望或厌恶,这些情感反应表明你的孩子隐藏的动机可能是寻求报复。要理解,这个让你或别人伤心的孩子自己也感到伤心。他的需求是:"我很伤心,请认可我的感受。"要通过和孩子一起检查他为何感到伤心,来处理这种伤心。要为你可能做的伤害孩子的任何事情(即使是无意的)承担责任,或带着共情倾听是否是别人伤了孩子的心。要帮助你的孩子确定他怎样做才能使自己感觉好起来。不要因为你的情绪再让孩子伤心或排斥孩子,而要以能帮助孩子以一种积极的方式感觉到归属感和价值感的方式行事。

④ 认为自己能力不够(放弃)。

如果你对孩子行为的反应是感觉绝望和无助,就表明孩子认为自己能力不足(放弃)。孩子的需求是:"不要放弃我,要一小步一小步地让我看到怎么做。"不要向你自己的失望让步,要通过将任务变得足够容易以确保孩子能够成功,来不断地鼓励孩子。要花时间训练孩子。要经常告诉孩子,你相信他学习和进步的能力,这将有助于你自然而然地想出积极而鼓励的活动,帮助孩子满怀着信心和希望前进。

（3）确定需求

① 确定需求一般都较难。很多人当问他们需求时,告诉你的就是解决方法。"妈妈。我需要跟你一起玩,现在!""我需要你拣一下你的玩具。""在这个家里我们需要些关于电视的规则。"关于"想要"的很多表达也都不是需求。"我想要饼干。""我想要你让我单独呆一会儿。""我想要你九点整上床睡觉。""我想要一条新牛仔裤。"所有的这些"需要""想要"都是解决方法。词语"需要"经常被误用,这就更加他的困惑。

② 为帮助你、你的孩子及他人能够区分需求和解决方法,运用以下问题:"这个能为我/你/我们做什么?"比如"我想要每天晚上六点和我的家人一起吃晚饭。"这是解决方法不是需求。通过问这样的问题,"晚上六点一起吃晚饭能为我做什么?"我可能会发现我是有"度过有质量的共同时光"的需求,"放松"的需求,"计划、善用我的时间"的需求。将这个问题记在脑海里可以帮助你确定需求,把这个问题作为准则。要注意不要像检察官似地运用它。确定及明确解决方法背后的需求的主要工具是积极聆听,从而真正达到双赢。

5 分钟亲子范例

先找出孩子的需求进行积极聆听或者"我讯息",如果父母表达了"我讯息"的行为还不见改善时,父母可以进一步设计合理的行为结果让孩子进行有限度地选择。

(1) 关注好的行为,忽视坏的行为

爸爸正专心地写作,儿子在一旁写功课,一会儿玩铅笔,一会儿到爸爸旁边问:"爸爸你在做什么?"得到的回答是:"回去写作业!"不一会儿,儿子的脚敲着桌子,发出叩叩声,被父亲大声呵斥住后,安静不到 1 分钟,又跑到客厅看电视,把声音开得很大声。

爸爸有效的回应应该是忽视坏的行为,不要让孩子"得到"注意,而当孩子表现良好时,及时予以关注。比如,当孩子安静 1 分钟,就要发表有效的"我讯息",及时说"爸爸看到你安静的样子,爸爸非常开心,10 分钟后爸爸做完事情就带你玩。"爸爸的此种做法,即鼓励孩子做得好的行为,用正向的方式满足了他的行为目的,又要告诉孩子的时间,让他有所期待。

如果对孩子的行为感到不舒服想指出来,也可以用这样的方式:

爸爸:当你不断地打扰我,让我觉得很烦,因为,我都没办法专心写作了。(面质性"我讯息")

（2）有效的我讯息和有条件地选择

① 一个小时前,妈妈要女儿把碗洗一洗,但她从未离开过电视机。妈妈再一次提醒她:"宝贝,1小时前就叫你把碗洗一洗,怎么还在看电视。""好啦,等我看完樱桃小丸子就去洗。""刚刚叫你先洗好再看,你偏不要。不行,现在就去洗。""好啦!再等一下,我马上就去。"

妈妈似乎生气了。因为,父母的权威受到了挑战,这时孩子的行为需求就是争取权利。在这个时候,可以发表有效的"我讯息",或者,可以用让孩子选择的方法提醒孩子。

妈妈:当我看到碗还没有洗,让我觉得很生气,我得一直提醒你,因为,你1小时前就答应我要洗碗,却一直在看电视。（面质性"我讯息"）

妈妈:你是现在去洗碗,还是5分钟后洗碗。（有条件地让孩子选择）

② 兄弟玩完后,玩具散落一地,母亲要哥哥收拾,他不服气:"为什么都是我收,那里面也有弟弟的玩具。""做哥哥的帮弟弟一下,有什么关系。"哥哥还是站在原地不动,母亲生气了大叫:"你再不去,我把玩具通通丢掉。"

在亲子争战中,父母都会给孩子主动或被动地挑战,孩子不当的行为更强烈或更加不情愿地屈服。在这个时候,可以发表有效的"我讯息",或者,可以用让孩子选择的方法提醒孩子。

妈妈:当我看到玩具散落一地时,我觉得很生气,因为,我得去收拾。(面质性"我讯息")

妈妈:你是现在,还是 5 分钟后收拾玩具。(有条件地让孩子选择)

当孩子自己做出选择后,他更容易遵守诺言。即使他没有立即行动,父母只要平静而坚定地选择另一个即可。

5 分钟亲子对话

我们在沟通中关注双方的需求,需要强调在彼此尊重的前提下学习遵守社会规范,直接针对不良的行为,着眼于目前和未来行为的改善。对事不对人,当事人的自尊并不会因此受到伤害;同时允许孩子有选择的权力。父母需要注意以委婉、和善的语调与孩子沟通(等心平气和以后)。

例如:父母叫双胞胎孩子吃饭,他们一直玩到饭桌上,手拿筷子打仗,脚在桌下互踢。

尝试:现在是吃饭时间,你们要安静下来,还是到旁边玩够了再回来吃饭。

① 练习:在百货公司,小丽哭着要妈妈买东西,而妈妈已经手上拿了很多东西了。

尝试:_____。

② 练习:放学以后,小朱在外面逗留,没有直接回家,家里人在等他吃饭。

尝试:_____。

③ 练习:青青想邀请同学来家里,而爸爸的同事一家恰

好也要来。

尝试：_____。

④ 练习：父母与客人在交谈，而童童把电视的声音开得很大。

尝试：_____。

5 分钟亲子互动

（1）在未来的一周内，观察你自己与孩子的互动，并逐项填写以下各项。

我爱孩子，是因为：
我对孩子感到失望时，是因为：
回想一下你的孩子本周内做了些什么不当的行为？
对于孩子的不当行为，你有什么感觉？你是如何处理的？
孩子对你的处理有何反应？
你的感觉以及孩子对处理方式的反应，判断孩子的行为是属于何种行为目的？

（2）在下列每个情境中，首先描述父母和子女双方的内在需求，然后在第二栏内描述冲突的双方所提出的解决方法。最后，在满足双方需求的条件下，在第三栏内，提出可能的解

决方法。亲子双方请勿对任何解决方法做出评价,只要双方
集思广益,提出点子即可。

情境	父母的需求	孩子的需求	父母的解决方法	孩子的解决方法	其他可能的解决的方法
1	当你到学校接你 6 岁的女儿时,她问你今天下午是否可以让她的朋友到家里来玩。而今天下午你已经计划好要去办些已经拖延了很久的事,一定得今天处理才行。你告诉女儿说:"今天我们必须去购物。或许她可以明天来我们家玩。"女儿非常不高兴,并且开始哭鼻子。				
2	你的 8 岁的孩子告诉你,隔壁一男孩老是来找他麻烦,辱骂他,所以,其他小朋友都认为他软弱。他告诉你他计划找一帮朋友来收拾那个男孩。你不希望你的儿子利用暴力来解决问题,同时如果其中有孩子受伤。他们的父母就会来找你告状,你不想跟你的邻居或其他孩子的父母关系搞僵。				
3	你想在你母亲星期一从医院回来之前把她的家收拾干净,帮她做些清洗和修补的活。你告诉你 12 岁的儿子说你想要他在明天即星期天下午和晚上同你一起去。他拒绝说:我已经答应我的朋友为下星期的大期末考一起复习,如果我告诉他们我爸妈不让,那我真的很丢面子。				

将你所写的和此答案相比较,并进行思考和体会。

情境	父母的需求	孩子的需求	父母的解决方法	孩子的解决方法	其他可能的解决的方法
1	将很重要的事要办了。	能够自己控制自己做什么。	孩子去购物。	在家和朋友玩。	① 办事时,把孩子的朋友一起带去; ② 先逛街,再去接朋友来玩; ③ 为两位孩子找保姆; ④ 当父母去办事时,让孩子到朋友家玩。
2	让儿子明白问题是不能靠暴力来解决的;与邻居保持和睦的关系;感觉自己是一个好父母。	在朋友面前树立一个好的形象;安全感。	叫儿子不要这样做,只是不去理那些男孩就是了。	要一帮朋友帮他收拾那个男孩。	① 邀请隔壁一家子一起来吃顿晚饭; ② 父母针对这件事跟其他男孩的父母进行一次友好的会议; ③ 邀请隔壁男孩到你家来玩新式的视频电子游戏。
3	帮助我的母亲; 为自己这一天所做的事感到很舒坦充实; 跟儿子更深的链接。	为考试做好准备;兑现对朋友的承诺;感觉在"决策制定"方面,自己是家庭中的一分子。	儿子取消跟朋友的计划。跟爸爸一起去奶奶家。	跟朋友一起复习,不跟爸爸去奶奶家干活。	① 儿子下午同爸爸一起干活,晚上同朋友一起复习; ② 星期天爸爸一个人做清洗的工作,然后在这个星期去看奶奶时爸爸和儿子一起做修补的工作; ③ 爸爸和儿子星期六去干活,而不是星期天。

（3）孩子的老师打电话给你,告知孩子在上课时不专心,爱和同学讲话,而且罚他站时,他还他还跟同学做鬼脸。老师很生气,要求家长对孩子的行为加以纠正。然而,你认为这是老师和孩子之间的问题,同时,你相信若贸然介入会使孩子对老师更加反感,甚至采取报复行为,也可能引起亲子冲突。

想一想? 请回答以下问题:

问　　题	父母的回答
你听到老师的话时,心里的想法是什么? 感觉是什么?	
老师的需求是什么?	
孩子的需求是什么?	
你会如何与老师沟通,一起解决这个问题?	
你会用什么方法与孩子沟通,减少孩子这种不当的行为?	

当父母接到老师的电话时,请认真倾听老师说明的情况。然后冷静地体会自己的想法和感觉,初步判断老师和孩子的行为目的,并采取相对应的有效的方法来回应。然后,要判断问题的所有权。首先与老师的沟通,如果家长认为孩子在学校的表现让老师受到干扰。对于父母没有影响,则是老师的问题,家长要用积极倾听的方式回应老师。比如,感谢老师的付出,请教老师如何和孩子沟通等。其次与孩子的沟通,根据家长的判断来确定问题的所有权,再选择应对的沟通方式。如果孩子很委屈、有烦恼,先用积极倾

听的方式接纳和反映孩子的负向情绪,等孩子平静后再来
讨论下一次如何减少这种不当行为。如果觉得孩子在学校
淘气引起老师告状也干扰到自己,让自己很没有面子,则双
方都有烦恼,就要采取"积极倾听＋我讯息"的方式与老师
沟通。

5 分钟亲子活动

（1）舞台剧表演

一些孩子喜欢表演舞台剧或者小品。他们会打扮起来,
为家人和朋友上演一出滑稽短剧。如果你的孩子喜欢做这种
事情,你可以指导他们做情境的角色扮演。例如,他们可以假
装自己正在操场上,一个孩子不想从滑梯上下来。让你的孩
子思考,孩子的需求,两者的目的,他们可以做什么或者说什
么才能轮到他们玩滑梯。然后,让他们表演出问题和解决
办法。

（2）"我自己的"活动

一旦孩子了解了每个人都有需求的概念,他们常常会很
快用这概念编排出他们自己的活动。这是个好迹象,表明孩
子理解并喜欢这些活动。比如请孩子扮演自己伤心的故事,
父母和他探讨伤心背后的需求,然后也可以扮演开心的故事。
在表演完自己的故事以后,可以请孩子表演别人的故事,去体
会任务的需求、动机和情绪来源。促使孩子思考是什么事情

让其他人感到开心或伤心。父母可以和孩子一起扮演,一起体会,也可以在情绪稳定心情好的时候把以前的冲突拿出来扮演并且讨论。

第二节　美好的开始

5分钟心灵故事

11岁的小易在给爸爸的一封信里写道:

难得有我说话的机会,在"六一"这个儿童的节日里,爸爸,我想和您说说心里话。已经闷了很久了。爸爸,作为一名寄宿生,每个星期日晚上由您送我上学。而在我收拾书包和衣物、日用品之类的东西时,爸爸您有时候就会在旁边说"这几天降温……多带点厚衣服……别着凉了……"我知道这是好意,是在关心我,可是我都这么大了,何况住校又是为了培养我能够自立,难道是冷是热我还不知道? 这种关心,实际上会让我产生依赖心理。

在学校里,人和人都是平等的,大人们都教育我们不要撒谎。可是您前一阵子得气管炎经常随地吐痰,可回到家,却反过来教育我不要随地吐痰。而您自己呢? 还有吃饭看手机、过马路不看红绿灯等等。当时我心里的第一个反应就是——虚伪! 这种行为会不会给我造成不好的心理影响呢?

我想我并不是不尊重您。我只是想通过这封信,和爸爸您说说心里话。我快上中学了,非常希望爸爸理解我支持我,我可以更有力量。

小易爸爸的回应:

儿子,看到你的信,我真是有些汗颜。也许我们成年人太自负了,总是低估孩子独立的感受,总是把自己的感受和经验强加给孩子。你有时候嫌我唠叨,我还很失落。其实是我忽视了你在不断长大的这个事实,只看见孩子的个头在增长,而忽视了你的人生观价值观世界观的迅速成长。我想作为爸爸应该换一个角度来看自己的儿子,这样你才不会压抑你的真实想法,亲子关系才不会越走越远。而且,爸爸还须随时检视和纠正自己的语言和行为,因为你的心就像一面面纯净的镜子,当父母要有良好的行为和语言映射到这些镜子上面,孩子就会如实地反映、收藏并复制;反之亦然。我们就是你们的榜样。

爸爸要积极改正,你就做我的老师吧!

5 分钟"效能训练"

(1) 第一、第二、第三法、妥协法的介绍

① 第一法:权威型

父母与孩子经历了一个需求发生冲突的情况。父母决定冲突的解决方案。在选择了解决方案后,父母宣布了他的决定,并希望孩子能够接受它。如果孩子不喜欢这个解决方案,

父母可能首先利用说服教育来试图影响孩子接受这个解决方案。如果这样不行，父母通常试图通过运用权力和权威来迫使孩子服从。父母赢，孩子输。最后以完全听从父母的解决方案而告终，虽然满足了父母的要求，却让孩子有了憎恨情绪。

② 第二法：放任型

父母与孩子遇到了一个需求发生冲突的情况。父母可能有、也可能没有一个预先想好的解决方案。如果他有，他可能会试着说服孩子接受它。很明显的是，孩子有他自己的解决方案，并试图说服父母接受它。如果父母进行抵抗，孩子可能会试着使用他的权力迫使父母服从，最后孩子赢，父母输，父母会屈服，这时父母增加了愤怒无奈的情绪。

③ 第三法：双赢

一直协商，直到这个解决方法既能够满足父母的需求又能满足孩子的需求为止。父母拥有跟孩子同等的权利满足自身的需求。双方都必须赢，没有一方输。切实地将家庭中绝大部分冲突转变为正向的事件——一个父母与孩子彼此学习的机会，一个有效解决问题的过程。

④ 妥协法

许多对第一法或第二法的结果都不是很满意的父母，就会转而投向另一种方法：妥协。父母没输，孩子没输，可是他们彼此也没有真正赢——双方都在尽量赢得越多越好，输得越少越好。在妥协方法下，父母和孩子都不是很满意，解决方法可能会成为彼此间的一道墙。妥协的解决方法其实就是由交易和承诺(父母、孩子各自的解决方法)组成。然后双方都非常谨慎地观察着对方,确定对方在履行这个解决方法中各自的一份责任。通常都是"买卖"式的解决方法,需求根本不在界定范围之内。"一方赢,另一方输"的担心依然经常存在。

(2) 第三法的准备阶段

① 选择最佳时机

在你第一次使用第三法时,挑选一个小问题或是在"无问题区"你想要一起做的一个决定(比如如何一起度过愉快的星期六)。在不存在任何问题时介绍并谈论第三法尤佳,这样的话,孩子就可以提前对第三法有个初步的了解。如果你是以一个问题来开始,那就选择一个双方感觉压力较少、心情最佳的时间段来实行。对开始的时间达成共识。选择一个孩子不忙、没有被占用或不需要去什么地方的时间,这样他就不会因为被干扰或拖延而产生抗拒或憎恨心理。

② 告诉孩子你想跟他讨论一个问题

清楚明白地告诉孩子,当前有一个问题需要解决。不要尝试这种无效的说法,例如:"你愿意解决问题吗?"或者"我认为我们应该试着解决这个问题。"让他大致了解下这个问题,但先不要急着开始实行第一步(确定问题),比如:"关于零食我有点担心,我想跟你聊聊。"做好准备迎接负面的反应,随时准备积极聆听。

③ 让孩子知道结果必须得你们两人都满意

运用我讯息让孩子知道你想告诉她你的担心忧虑,同时也想听听她的看法,这样就能知道双方的需求。告诉她你真的想找到双方都受益的解决方法,准备好积极聆听,孩子可能会怕输,并对这套跟以往你们一起解决问题方法(第一法,第二法或妥协)完全不同的方法而感到怀疑。非常明确地告诉孩子你希望他和你一起寻找一个双方都能接受的解决方案,一个"我们都能忍受"的解决方案,不会有人输,我们的需求都能得到满足。让他相信你真诚地希望找到一个"没有输家"的解决方案,这一点至关重要。他必须知道"这场游戏的名字"叫做"第三法","没有输家",而不是非赢即输方法的又一个伪装。

④ 解释第三法

当你在积极聆听孩子的恐惧或忧虑担心,她也做好了聆听的准备。你就可以向她解释你想如何解决问题。要做到这一点有几种方式。一种方式是:描述以往问题解决的方法。你叫孩子怎么做,即使她不喜欢不情愿也得按照你的话做——她输,你赢。孩子给出她的解决方法而你被迫接纳——她赢,你输。或者你们两个人都让步,双方都不如意。让她知道还有另一种方法,双赢的方法——第三法。随时做好积极聆听的准备,聆听她的担心忧虑和疑惑。大概描述下第三法的六个步骤,继续让孩子知道你可以保证结果一定是满足双方需求的,且你也不会中途反悔而采用第一法。

⑤ 定一个时间开始

当你已解释了什么是第三法以及它跟以往输赢方法的区别。并获得了孩子的同意去尝试它,积极聆听并向他传达你很想运用这个方法来维持你们之间好的亲子关系的我讯息。

说好什么时候开始,可以是马上。也可以是以后的时间开始。

制定步骤的时候可能刚开始你会感觉很困难,无从下手,但是一般都不会花太长时间。把它看作是一种投资,得到的回报就是:在你进行第三法的六个步骤时会特别轻松,会轻易的得到双方都能够接纳、愿意遵循的解决方法。好消息就是一旦你的孩子或他人经历到了第三法所带来的结果,在过程中培养出了信任,制定步骤就可以相当快了。就只需要确定哪里有问题,然后说好一个时间运用第三法来解决这个问题。

5分钟亲子对话

(1) 第一法:你输我赢

以下是一位妈妈和她10岁女儿之间的冲突用"第一法"解决的:

琳琳:再见。我去上学了。

妈妈:宝贝,外面在下雨,你还没穿雨衣呢。

琳琳:我不需要雨衣。

妈妈:你不需要雨衣!你会淋湿的,可能还会感冒。

琳琳:雨没那么大。

妈妈:雨很大。

琳琳:好吧,我不想穿那件雨衣。我讨厌穿雨衣。

妈妈:现在,宝贝,你知道如果你穿了雨衣,就会暖和得多,也不会弄湿。请你去穿雨衣。

琳琳:我讨厌那件雨衣——我不穿它!

妈妈：你回你的房间，去穿雨衣！在这样的天气，你不穿雨衣我就不让你去学校。

琳琳：但是我不喜欢它……

妈妈：没有"但是"，如果你不穿它，我就不许你出门。

琳琳：(生气地)好吧，你赢了！我会穿那件愚蠢的雨衣。

妈妈达到了目的。她的解决方案——女儿穿她的雨衣——获得了成功，尽管女儿不愿意。妈妈赢了，女儿输了。女儿对这个解决方案一点都不满意，但是面对妈妈使用权力(惩罚)进行威胁时，她投降了。

(2) 第二法：你赢我输

在与以冲突中，"第二法"是这样使用的：

琳琳：再见。我去上学了。

妈妈：宝贝，外面在下雨，你没穿雨衣。

琳琳：我不需要雨衣。

妈妈：你不需要雨衣！你会淋湿的，可能还会感冒。

琳琳：雨没那么大。

妈妈：雨很大。

琳琳：好吧，我不想穿那件雨衣。我讨厌穿雨衣。

妈妈：我希望你穿上。

琳琳：我讨厌那件雨衣！我不会穿它。你不能逼我。

妈妈：哦，我投降了！那你就不穿雨衣去学校吧，我不想再跟你吵。你赢了。

琳琳达到了她的目的——她赢了，她的父母输了。妈妈很显然对这个解决方案不满意,但是在女儿威胁使用她的权力(在这个例子中,是对她的妈妈生气)时,妈妈投降了。

"第一法"和"第二法"具有相似性,尽管它们的结果是截然不同的。在这两种方法中,每个人都希望达到自己的目的,并试图说服另一个人接受它。每个人的态度都是"我想达到我的目的,我要为它而战。"在"第一法"中,父母是不体谅别人的,不尊重孩子的需求。在"第二法"中,孩子是不体谅别人的,不尊重父母的需求。在这两种方法中,都有一个人感觉被挫败,通常迁怒于造成他失败的另一个人。这两种方法都涉及权力斗争,对手会为了获胜而不惜使用他们的权力。

（3）第三法:双赢

以下是用"第三法"解决关于雨衣的冲突的:

琳琳:再见,我去学校了。

妈妈:宝贝,外面在下雨,你还没穿雨衣呢!

琳琳:我不需要雨衣。

妈妈:我认为雨下得很大,我担心你会感冒。

琳琳:嗯,我不想穿我的雨衣。

妈妈:听起来你的意思是你一点都不想穿那件雨衣。

琳琳:是的,我讨厌它。

妈妈:你真的讨厌你的雨衣。

琳琳:是的,它真的很难看。学校里没有人穿那样的雨衣。

妈妈:你不想穿得与众不同。

琳琳:我当然不想。每个人都穿着很酷的雨衣。

妈妈:我明白了。嗯,我们遇到了一个矛盾。你不想穿你的雨衣,因为它很难看,但是我肯定不想让你感冒,然后落下功课。你能想出一个让我们两个都接受的解决方案吗? 我们怎么解决这个问题才能皆大欢喜?

琳琳:(停顿)或许我今天可以借一下外婆的旧雨衣。

妈妈:那件旧雨衣?

琳琳:是的,它很酷。

妈妈:你认为她会让你今天穿它吗?

琳琳:我会问问她。(几分钟后穿着外婆的旧雨衣回来了,袖子太长,但是她把它卷了起来。)外婆说可以。

妈妈:你喜欢它?

琳琳:当然,它很好。

妈妈:好吧,我确信它能使你淋不到雨。因此,如果你对这个解决方案感觉到满意,我也是如此。

琳琳:嗯,我要走了。

妈妈:再见,祝你在学校过得愉快。

很显然,琳琳和她妈妈用一种双方都满意的方式重决了她们的冲突。这种解决方法也很快速。妈妈无需浪费时间作个苦口婆心的推销员,费尽力气推销她的解决方案,就像她在第一法必须做的那样。这种方法不涉及到任何权力——不论是妈妈的一方还是女儿的一方。最后,两个人圆满地解决了问题,并对彼此产生了温暖之情。妈妈可以说:"祝你在学校过得愉快"并且是发自内心的祝愿。琳琳可以去上学,而且无需害怕穿着那件"难看"的雨衣令她尴尬。

5 分钟亲子对话

当父母希望孩子参与进来的时候,这是一个关键的阶段。他们必须获得孩子的注意,然后确保他愿意进入解决问题的程序。

(1) 诚实地表达自己,而不批评、指责

① 观察

我所观察(看、听、回忆、想)到的有助于(或无助于)我的想法的具体行为:

例如:"当我(看、听、想到我看到的/听到的)……"

② 感受

对于这些行为,我有什么样的感受(情感而非思想):

"我感到……"

③ 需要

什么样的需要或价值(而非偏好或某种具体的行为)导致我那样的感受:

"因为我需要/看重……"

④ 请求

清楚地请求(而非命令)那些能丰富我生命的具体行为,

"你是否愿意……?"

例如:关于看手机时间的议题的讨论准备

尝试:

爸爸:妮妮,我有个话题想和你聊聊行吗?

妮妮:好的可以爸爸。

爸爸:当我看到我们回家以后,大家都看手机,没有时间一起沟通,不像以前那样聊很多事,我有些失落。

妮妮:是的爸爸,我也有同感,我有好久没有和爸爸妈妈好好聊聊了。

爸爸:因为下班了我需要和我的家人在一起,比如和我亲爱的女儿一起聊聊一天里发生的事情,那样我感到非常幸福。

妮妮:是啊爸爸,我也感到很幸福。

爸爸:如果你愿意的话,我们和妈妈一起找个时间聊聊关于手机的话题?

妮妮:好啊,非常愿意呢。

练习:关于全家做家务安排的议题讨论准备。

尝试:

_____

_____

_____

_____

_____

(2) 关切地倾听他人,而不解读为批评或指责

① 观察

你所观察(看、听、回忆、想)到的有助于(或无助于)你的想法的具体行为:

"当你(看、听、想到你看到的/听到的)……"

② 感受

对于这些行为,你有什么样的感受(是情感而非思想):

"你感到……吗?"

③ 需要

什么样的需要或价值(而非偏好或某种具体的行为)导致你那样的感受:

"因为你需要/看重……"

④ 请求

关切地倾听那些能丰富你生命的具体请求,而不解读为命令:

"所以,你想……"

例如:关于看手机时间的议题的讨论准备

尝试:

爸爸:妮妮,我有个话题想和你聊聊行吗?

妮妮:好的可以爸爸。

爸爸:当你在看手机的时候,我和妈妈经常批评你,提醒你要去学习时,你感到生气愤怒难受吗?

妮妮:是的,有一点爸爸,我感到你们太限制我的行动了。

爸爸:因为你需要自主独立,自己安排时间学习娱乐,而不像以前一样全部听爸爸妈妈的。

妮妮:是的,我已经不是小孩子了,我在班级里担任班干部,已经能策划活动,安排班务了,我觉得自己完全有能力选择和安排。

爸爸:怎样既能满足你的长大自主的需要,又能让我们不担心放心,关于手机的安排,我想找妈妈和你一起,在你愿意的时候聊一聊好吗?

妮妮:好啊,我也想找个时间和你们聊聊现在的想法,我非常期待。

练习:关于全家假期旅行安排的议题讨论准备。

尝试:

_____

_____

_____

_____

_____

5 分钟亲子互动

当我们的"第三法"开始使用之前,可以审视一下我们和孩子日常的相处方式,从而思考我们和孩子的关系:

(1) 情绪

① 孩子做什么或者说什么会让你感到:

开心:_____

为什么:_____

伤心:_____

为什么:_____

生气：_____

为什么：_____

② 你做什么或者说什么可能会让孩子感到：

开心：_____

为什么：_____

伤心：_____

为什么：_____

生气：_____

为什么：_____

（2）感受

你能否想起以下这些时刻：

① 你和孩子对某件事有同样的感受？ _____

② 你和孩子对同一件事有不同的感受？ _____

③ 你认为孩子喜欢做一件事情，而事实上孩子并不喜欢？

_____

④ 孩子认为你喜欢做一件事情，而事实上你并不喜欢。

_____

⑤ 你通过观察孩子做什么事情，发现了他或她喜欢的事情？

_____

⑥ 你通过听到孩子说什么，发现了他或她喜欢的事情？

_____

⑦ 你通过询问知道了孩子喜欢什么？

_____

（3）是否合适的时间

① 孩子挑了个不合适的时间来要求做一件事，例如：当你很忙的时候/很疲倦的时候/生病的时候/心情不好的时候

你的感受：_____

② 孩子等到合适的时间来要你做一件事。

你的感受：_____

③ 你挑了个不合适的时间要孩子做一件事。

孩子的感受：_____

④ 你挑了个合适的时间要求孩子做一件事：

孩子的感受：_____

（4）当你和孩子发生冲突的时候

① 什么情况下你赢孩子输？_____

② 什么情况下你输孩子赢？_____

③ 什么情况下你们双赢？_____

5 分钟亲子活动

（1）和自己的感觉对话

找一个舒适平静没有干扰的环境坐下或躺下，做数个深

呼吸(深深地用鼻子吸气,缓缓地用嘴巴吐气),使整个人放松和平静下来。

① 把手放在自己的心脏处,对自己的内心说:"谢谢你我的心"(过程中也要慷慨地多对它说多谢。)

② 对内心说:"多谢你今天的用心照顾。我想与你沟通,可以吗?"

③ 静心、放松身体,等待内心的回应。这份回应不会是文字和语言,多数会是一份忽然涌出来的感觉。

④ 待感觉出现后说:"多谢你肯与我沟通。这件事,你觉得我……"(等待它的回应。)

⑤ 待感觉出现后说:"我明白了,多谢。我想找出方法,既能保证这些好处,又能使我因做这件事而得到多些成功快乐,你肯支持吗?"(等待回应。)

（2）故事书活动

你可以利用故事书帮助孩子练习寻找解决人际关系问题的多种办法。当你给孩子读故事的时候,在适当的地方停下来,问孩子这样的问题:

"发生了什么事?出了什么问题?""故事里有人发现不同的问题了吗?""当_____时(重复问题)你觉得(人物1)有什么感觉?""你觉得(人物2)有相同的感觉还是不同的感觉?""(人物1)做了什么或说了什么来解决问题?""当(人物1)那样做或那样说的时候,(人物2)有什么感觉?""你能想个不同的办法让(人物1)解决这个问题吗?""你能再想个不同的办法吗?"

第三节　六步"第三法"

5分钟心灵故事

小时候舅舅曾经送给我一件从国外带来的礼物,是一座需要拼装的城堡。可能因为是女孩的缘故,我不记得有多长的时间,我对这座城堡视而不见。在玩遍了所有的好玩的以后,在某一天的下午,我把"城堡"从柜子里拿出来,把它摆在床上。我翻开说明书,开始阅读里面的内容。

我花了好几个星期的时间,来建立我的城堡。一开始,我非常害怕:"如果我做错了该怎么办?"我对自己说,"万一我黏错了零件该怎么办? 万一我弄不清楚哪个零件该摆在哪里,又该怎么办? 万一我看不懂说明书该怎么办?"不久我就找到了答案:我的确会犯错。我拆开黏错的许多零件,重新把它们黏到正确的位置。在某些时刻,我不知该怎么办,必须请爸爸妈妈帮忙。但是随着时间流逝,我看到城堡的雏形出现在眼前。我的恐惧化为兴奋,挫折化为挑战。我一放学就冲进家门,赶紧开始拼装城堡。我偷偷半夜起床,不停地黏合与组装。有一天,它终于好了。我坐在床上,凝视我的"迷人的城堡"。它放在窗边的重要位置。我明白,它和图片中的城堡不完全一样——有几个地方颜色涂得不好,黏胶黏得不平。可是它很美丽,充满魔力。更神奇的是,我感受到一种美妙的力量:我是彻底地快乐与充实,这不是因为"迷人的城堡"能供我玩耍,而是因为我整个努力帮助它诞生的过程。这个城堡对我的意义,远超过做好的成品。现成的城堡很完美,但我只能欣赏它,无法再为它做任何事。而这座城堡真正的魔力在于,表面上是我在拼装它,实际上是它在拼装我。

在人生的这段岁月里,我曾经在私人生活与工作方面,碰到许多挑战、考验与危机。有时我的生活看起来一点也不像我期待的那样,反而像这座城堡开头洒在我床上的一堆混乱的碎片。在这种时刻,我往往觉得愤怒、挫折、害怕,会质疑:"为什么事情是这个样子?""为什么生活是如此艰难?"

每一次我体会到这种感觉,就想起那座城堡。它让我明白,生活的目的就是把自己拼装起来的过程,而不是已经"完成"的东西。它让我了解生活的目的不是让外界的一切看上去很完美,而是在内心成长,让命运中发生的事件运行,从其中学会耐心、勇气与自我接纳。

5 分钟"效能训练"

(1) 第三法的六个步骤

① 用需求的观点来界定问题

这是问题解决的关键步骤。当你陈述问题时,记得不要责备,也不要评判。传送"我讯息"是表达你的需求最有效的方法。在陈述完你的需求和感受之后,试着用自己的话来表达你对孩子的需求的了解。如果你还不了解孩子的需求,可以请孩子再重述一次。这时候,积极聆听是最佳的工具。用足够的时间来准确地界定问题或冲突,积极聆听孩子的感受,特别是孩子起初的愤怒或抗拒心理。在进入到接下来的问题解决步骤之前。你和孩子都必须将你们的感受说出来。

不要急着进入第二步骤。先确定你已了解对方的想法,而且你也已准确且一致地陈述出自己的需求了。在进入第二步骤之前,必须确定你们双方都接纳彼此对问题的界定,询问孩子是否同意这个你们双方将要去解决的问题,务必确定双方的需求都已得到准确的表达。最后,让孩子清楚地了解,你们所寻求的解决方法可以满足你们双方的需求——即你和孩子没有人会输。

② 提出可能的解决方法

这是问题解决的步骤中,最能发挥创造力的部分。通常我们无法马上想出最好的解决方法,但是开头的方法往往能激发出更好的解决方法。首先你请孩子先提出可能的解决方法,而你也有足够的时间提出你的解决方法。无论如何,要避免批评或评价孩子所提出的解决方法,使用积极聆听。如果需要的话,写下所有的解决方法,以备稍后查阅。在评估之前,试着找出几个可行的解决方法,或是讨论任何一项特别的解决方法。(例如:孩子,我知道你对那项解决方法并没有考虑很多,但现在我们还是把它写下来;如果你认为可以的话,我们稍后再把这项删除)。记住,你们是要找出最好的解决方法,而不是随便一个解决方法即可。如果事情陷入僵局,将问题(需求)重新提出来,有时候这会帮助我们过程的继续进行。一般而言。当你们提出一些合理且适当的方法时,或当其中一项解决方法比其他方法好很多时,很显然的,就是时候进入第三阶段了。

③ 评估解决方法

在问题解决的这个步骤里,你必须诚实,同时你也希望你的孩子诚实。你们双方都必须做些批评性的思考。在所有可能的解决方法中,是否有任何缺点存在? 说出理由来解释为什么有的解决方法可能会无效? 是否太难实行或执行? 它对双方是否公平? 在这个时候,请使用积极聆听。有时候在评估解决方法时。会想到更新的方法,比其他的方法更好,或者会将原先的方法做些修正。在这个步骤里。如果审核解决方法失败,就会以很糟糕的或根本不切实际的解决方法而告终。

④ 决定双方都能接纳的解决方法

在这个阶段,必须双方都同意所选择的解决方法。通常当所有的事实都表露出来时,较优的解决方法就会显露出来。这个解决方法通常都是两个或两个以上备选解决方法的结合。在这个阶段中,请勿犯这样的错误:试图说服孩子,或将解决方法强加给孩子。如果孩子无法自由地选择他可以接纳的解决方法时,孩子可能就不会去实行它。同样道理,你也不要接受你不是真心同意的解决方法。在你们即将达成最终决定之前,再陈述所有的解决方法,以确定双方都了解并接纳最终选择的这个解决方法。将解决方法写下来,等以后有误解时,可以查看双方都同意的这个解决方法。

⑤ 执行解决方法

因为找出解决问题的方法是一回事,而实行又是一回事,所以在双方决定解决方法之后,需要立即讨论有关实行的问题——由谁来做? 做什么? 什么时候做? 最有建设性的态度是,信任孩子会忠实地完成所做的决定,而不对孩子提出质疑——如果做不到该怎么办? 如果后来孩子真的无法实行先前双方所同意的方法,那么父母可以用"我讯息"来面质孩子,也可以向孩子提供建议,以协助孩子记得你们的计划。切勿陷入命令孩子实行指定计划的陷阱中(监视和喋喋不休),这只会造成孩子的依赖和反抗,无法培养他们的个人责任感。刚开始时孩子会不习惯第三法的问题解决方式,实行起来可能会较为松懈,特别是当他们习惯以前所使用的第二法时尤甚。准备去做大量的面质工作,直到孩子了解了你不会接纳毫无进展的进度。在面质这类问题时,勿拖延太久。要确定你本身做到了你该做的那一份。

⑥ 评估结果

并不是所有用第三法找出的解决方法都是最好的。有时你或孩子会发现有些不管用,需要做点改变或决定寻求另一个更好的解决方法。找出你和孩子对于问题解决的结果的感受是很重要的。你们双方都必须了解。有任何对解决方法的更改,只要是双方都接受的,都可以更改。

你运用第三法越多,你就越来越熟练,反过来也会增加你使用第三法的成功率,使用积极倾听,我讯息和技巧转换都会越来越自然,随着孩子以及家庭成员对第三法的信任和满意程度的提高,你的成功率也会增加。

（2）第三方检核表

在第三法运用之前、运用时以及运用之后，复习这个检核表。

准备阶段	☐如果需要的话，解释问题解决的第三法。 ☐双方都能接纳的时间。 ☐确定有足够的时间。 ☐积极聆听任何怀疑或疑问。
1. 界定需求	☐用我讯息陈述你的需求。 ☐用积极聆听检视孩子的需求。 ☐再次陈述已确定的需求（而非解决方法），以确定所有的需求都包含在内。
2. 集思广益，寻求解决方法	☐鼓励孩子献计献策。给出解决方法。 ☐自由地给出你的解决方法。 ☐"集思广益"列出所有的解决方法，不论你认为它们有多离谱！ ☐在这个步骤中，避免给予评价。
3. 评估解决方法	☐诚实地考虑每一个解决方法。 ☐观察孩子对解决方法是否有满意或不满意的非语言暗示。 ☐检视那些看来可行的及可接纳的解决方法。 ☐修正不可接纳的解决方法。使它能够被接纳。
4. 选择双方都能接纳的解决方法	☐确定你和孩子都了解所选择的解决方法。 ☐重新叙述双方的需求所选择的解决方法。 ☐写下所选择的解决方法。
5. 执行解决方法	☐如果需要的话，父母和孩子必须决定什么时候执行，由谁来做，以及做什么。 ☐与解决方法中所牵涉到的任何外人商量。 ☐如果孩子没有遵守双方决定的解决方法时用我讯息面质孩子。
6. 评量结果	☐设定时间以检视解决方法对你和孩子的有效性。 ☐如果产生缺陷，或有新状况发生，愿意调整解决方法。

（3）当第三法不管用时，通常是由以下几个因素

所造成的：

原　因	解　决　方　法
1. 父母缺少的技巧，经验和熟练程度	继续实践练习你的技巧；在无问题区域的决策制定中使用第三法，比如，组织周末欢乐大家庭，先在小问题上使用此法然后逐步过渡到大问题上来。
2. 由于紧张。或是压力或没有把你的 PET 技巧融入到你日常沟通交流过程中，你有意识或是无意识返回到第一法或第二法的使用。	积极的倾听他们的感受，发出一个我讯息表明你这样做的原因，再一次重申你对这份关系的承诺，回到第三法。
3. 孩子或是他人不接纳这个方法或拒绝此法	该怎么做：往回走，返回到步骤 1 之前的准备阶段。
4. 当肉体伤害很快到来，时间、资源、机会都有限时。	解释情况，比如，你必须离开因为你的航班只有三十分钟就要起飞等等。采取措施，但是当时间与资源充裕时继续致力于使用此法。
5. 孩子或其他人还没有准备好，因为他们的大脑充斥着怀疑、愤怒、怨恨或是其他强烈的情绪。	在你使用第三法之前，花点时间去积极倾听孩子。发送我讯息改善关系。
6. 你孩子们不能接纳的行为及他的解决方法对你没有实际的影响。	这可能是由于价值观冲突，使用后面将要谈到的价值观策略。

（续表）

原　因	解　决　方　法
7. 一方或是双方都坚持他们的解决方法,不考虑其他选择方案。	当这里有需求矛盾时,这是个棘手的状况,使用从课程中的价值专栏中咨询与示范技巧继续解决问题增进感情。如果是你不愿意考虑其他的方案,问你自己为什么,花点时间确认你找到自己的在解决方法之下的需求。
8. 因为这些原因其中的一个,找不到可接纳的解决方法。	选择逃跑,反抗或屈服但是意识到使用其中一个策略的风险,继续使用这些技巧对亲子关系做再次投资。

5 分钟亲子范例

（1）详尽解说第三法

有的父母对第三法解说得很详尽,谈到第一法、第二法的差别,以及两种方法都不成功的理由。有的父母甚至替各种方法画图表,以利子女了解它们。例如:

一位母亲描述到,他们处理孩子们不吃晚餐的问题时,所采的第三法:

① 在我们用过晚饭,桌子也清理干净后,我们都坐了下来。……我们说我们想试着解决有关吃饭的问题。

② 于是,我们先一起列出问题所在。我们把黑板拿进来,竖好它。

③ 我便说道:"爸爸和我觉得这件事情一直让我们不愉

快,大家都很难受。我们想要知道有没有我们能做的事情,好改变现状。"

④ 接着我又补充道:"我会在黑板上列出所有的问题,然后,要决定我们如何解决问题。……我们要这么做,好让每一个人都赢,而且,没有人感到不快。……如果一个解决方法每个人都满意,我就不认为它对我们有益处。"

(2) 用我讯息陈述核心问题

用解决问题的方法时,父母如何有效地以我讯息陈述一个问题呢?

"你在房间里东摇西晃时,我好泄气,因为,我无法专心一致。"

"现在,我们拥有又大又美的客厅,我花了不少功夫让楼上的起居间整洁美观。可是我从走廊看过去的时候,看到你房里的桌子和柜子上,天天都堆满了玩具,这很教我泄气。"

"我们在客厅玩接球游戏时,我很担心那一盏灯会被撞碎。"

"我好烦恼,因为,你们这些孩子边吃晚饭边看电视,而我却喜欢在晚饭时间,谈谈你们还有我自己,今天过得如何,但我却没办法这么做,我有点伤心。"

要是用这类信息展开解决问题的会议,孩子们参与其事的意愿就会大为提高,也较可能觉得自己有赢的机会。

(3) 父母要心胸宽阔

要知道每个问题都可能会有许多或试一试的解决方法。

父母的任务,是在界定争端所在后,负责让大家找出各式解决方法。下面四点是完成这个目标的方针:

① 你提供解决方法前,先让孩子找出一至多个方法。

② 不要冀望孩子能找出所有的解决方法。解决问题跟你也有利害关系,所以,请无拘无束地说出自己的想法。就年纪较小的子女而言,父母通常得提供较多的解决方法。

③ 在很多方法提出之前,先不要有所评估。评估会压抑创意,并且会让孩子们不敢说出自己的意见。

④ 鼓励孩子们,说出任何一个他们可能想到的解决方法,即使再可笑、再不切实际也没关系。我们要的是数量多。

5分钟亲子对话

例如:如何每天摆桌子以及清理擦拭桌子。

尝试:

① 需要

莉莉:不要让娜娜烦我,争论轮到谁清理桌子,吵着要交换工作。需要工作好领取零用钱买东西。

妈妈:需要援助。不想花时间说服别人做她们自己的工作。需要别人赶快清理好餐桌,才不必站在一边等。

娜娜:莉莉不要对我吼。

爸爸:需要女儿参与家事。有人不清理桌子的时候不需要的争论、喊叫、听人哭闹以及生气。

② 解决方法

a. 今天晚上莉莉让娜娜摆桌子。

b. 娜娜只管摆桌子,莉莉则负责清理擦拭桌子。

c. 天天互调,而不是一周换一次。

d. 摆桌子的人也负责擦拭。

e. 娜娜轮到清理擦拭的时候,爸爸帮忙清理桌子。莉莉轮到清理擦拭的时候,爸爸帮忙擦桌子。

③ 评估

第五种方法被大家接受,一直没再发生问题。

练习:9 岁的孩子想和爸妈一起睡觉。

尝试:

① 需要:＿＿＿＿＿＿＿＿＿＿＿＿＿＿＿＿＿

② 解决方法:＿＿＿＿＿＿＿＿＿＿＿＿＿＿＿

③ 评估:＿＿＿＿＿＿＿＿＿＿＿＿＿＿＿＿＿

5 分钟亲子互动

(1) 第三法沟通的一般原则

问　　题	自我判断
我是否说得太多了?	
我是否常生气,却未与孩子好好沟通?	
我是否了解孩子的行为目的?	
我是否选择了适当的应对方法?	
我是否把孩子的问题变成自己的问题:	
我是否忘了鼓励孩子?	
我是否经常创造与孩子和谐相处的时间?	

（2）第三法沟通技巧

问 题	自我判断
我是否同理倾听孩子,还是自己说个不停?	
我是否误用了倾听,仍有太多的指责或批评?	
我是否表达太多自己的想法要孩子接受?	
我是否有足够的时间去倾听,探索问题或解决问题?	

（3）第三法讨论结果

问 题	自我判断
我所用的合理的行为结果是否真的合理?	
我是否用对了时机?	
我是否真的允许孩子去选择,并接纳他的选择?还是我想控制结果?	

5分钟亲子活动

（1）头脑风暴

父母和孩子假设一个情景,比如孩子希望她的弟弟让她玩他的游戏机。为了帮助这个孩子有机会玩游戏机,玩"他还能做什么"的游戏。要想很多方法,很多不同的方法来解决这个问题。想出来的时候,由父母写在纸上。直到把纸写满。比如:①她可以告诉妈妈。②她可以让弟弟玩她的玩具。③她可以对弟弟说:'求你了,求你了,我可以玩你的游戏机吗?④她可以哭,这样弟弟会同情姐姐的。⑤她可以给弟弟一些糖果。⑥她可以等弟弟不注意的时候，拿走他的游戏机。然后问一下孩子的感觉。进行这个活动的目的是为了引导孩子思考对一个问题的多种解决办法，所以，在这个阶段，思考过程比想出的办法更重要。

（2）看图解决问题

和孩子一起看图，图中有一些人、场景和需要解决处理的问题。为了体验对图可能会有的不同理解，以及在引导孩子想办法解决问题前需要搞清楚问题是什么，对于问题是什么以及谁遇到了问题，可能有几种不同的解释。父母请孩子找到那个有问题的人，问画中人物的感觉。找到画中人存在的问题。父母也找出问题，两者进行交流。"你和我看到的是同样的问题还是不同的问题？"引导孩子回忆还可以通过听或者问来搞清楚问题，请孩子试着解决一下孩子指出来的问题。图上的人可以做什么来解决问题？这是一种办法，还有别的办法吗？继续下去，直到孩子想不出主意为止。

第八章　当价值观冲突

第一节　价值观的对立

5分钟心灵故事

几天前的晚上,我在卧室角落的线板后面,发现一只蜘蛛被困在那里。这只蜘蛛非常缓慢地移动着,好像被卡在那里很久,已经没有力气爬动。"别担心,小东西。"我柔和地说,"我会把你弄出来的。"我拿出一张面巾纸,轻轻地把蜘蛛拿起来,准备把它送到屋子外的花丛里去,可是蜘蛛显然认为我要攻击它,于是跑回线板里。"我不会伤害你。"我答应它说,一面试着把它再次拿起来。蜘蛛又一次抵抗我,它狂乱地挥动小脚,缩成一个球,努力把自己塞到线板里面。

突然间,我发现蜘蛛不动了。我靠近一点看,发现它抗拒得太猛烈,以至于自己杀死了自己。我悲伤地把它拿出去,放在一朵小花底下。"我不是要伤害你。"我温和地低语,"我只是想救你。我很抱歉,你不明白我的意思。"

就在这一刻,我想到一个的念头:"难道这就是父母对孩子的态度吗?"或许父母因为爱的力量看着孩子挣扎、困扰,并经常出手干预,希望把孩子从险地带到安全的地方。但是孩子抗拒,拳打脚踢,尖叫抱怨,不明白自己为什么要被迫改变。或许孩子跟这只蜘蛛一样,它把我的拯救行动当成攻击,不晓得只要顺服,只要让我带走它,它就会被送到美丽的花园里。可是,如果不是这样,蜘蛛还是蜘蛛吗? 孩子不就是要自己亲身经历才会接纳和顺服自己的命运,我们不就是这样过来的吗?

5 分钟"效能训练"

(1) 价值观对立

"他人的态度、信念有没有直接或具体的影响到你?"如果答案是否定。那就是一个价值观冲突的情况。

价值观是信念和理想,而不是行为。父母和子女所共同拥有的价值观,很多都是由父母塑造榜样和教导的结果,而且大部分都是来自文化的传承。但是差异仍然会出现,特别是当孩子进入青少年期时。更是如此,这个时期正是孩子与父母最容易产生价值观冲突的时候。比如选择朋友、衣服样式、外表装扮、娱乐方式、饮食习惯、道德观念、教育、生活方式等。而且通常父母和孩子双方都对这些价值观念各执己见。

这些冲突之下都是一系列价值观。因为随着他们生活的不断改变,孩子,尤其是十几岁的青少年,有时他们说的和做的跟他们父母的价值观会相反对立,然而在他们内心,却让他们有着同样的或相似的价值观,一个想要更加独立更加自由的孩子,会试图惩罚父母对他所使用的权威,可能会使用当面驳回父母的价值观这样的解决方法。

在孩子日渐长大的过程中,父母只有真正的了解孩子,才能以人性化的平等方式来对待孩子。①我的孩子对我的意义是什么? ②我是否对孩子的未来感到担忧? ③我是否希望由孩子来完成自己的愿望? ④我是否目时间的紧迫,对孩子有过多的要求? ⑤我是否害怕失去对孩子的控制力? ⑥我对孩子有哪些负面或正面的影响? ⑦我是否认为孩子是一种负担? ⑧我是否会因为孩子只是一个青少年,而去干涉他的判断?

用积极聆听探寻孩子的需求,用我语言清晰表达你自己的需求,用第三法促进相互的理解,制定出具有新颖力的,创造力的解决方法。价值观是可以被影响的。如果父母价值观的方式是用于权威和威胁,孩子就会拒力反抗。并且亲子间的关系会遭受到严重且长久的伤害。但尽管这些价值观不易改变。但在选择自己的价值观时,孩子通常很欢迎并尊重他们父母的智慧及经验。

（2）解除价值观对立

父母可以选择其中一项,作为和孩子解除价值观对立的方法。

危机层次	选择	具 体 方 式
7	使用权威	父母运用奖惩作为改变孩子价值观的方式,会冒用着使用第一法的危险,结果孩子不是反抗。逃跑就是顺从,而父母则变成强迫者的角色。造成了许多问题(例如:不断地保持警惕、罪恶感、在亲子关系中失去快乐等等)。而某些极少数非常严重的情况,父母可会觉得此时使用权威是正当的。因为这才能从心理上或表面上解救孩子的性命,父母必须决定他们的哪些价值观足以重要到需冒伤害到亲子关系的危险,使用权威来改变孩子的行为,因为这样做可能会危及亲子关系。
6	威胁	如果父母使用威胁的方式失败,结果仍然会导致和使用权威一样的负面反应(如:孩子在被威胁到"被扔出去"之前。就会跑掉),或者当威胁不奏效时,孩子会对父母所说的话大打折扣。
5	共同解决问题	通常孩子会愿意修正他们的行为,而不使父母伤心。但是也不会放弃原来的价值观使用第三法可以达成双方都可以接纳的解决方法。从另一方面来说,孩子会有过"两种生活"的问题,父母也会看到价值观会以其他同样不可接纳的形式表现出来。
4	咨询顾问	对于父母的智慧和经验,孩子通常是开放且敏感的。如果父母遵循"好的咨询者"的基本原则,那么父母就能够影响孩子的价值观: 1. 邀请孩子参与咨询。运用我讯息的语言向孩子分享你的忧虑担心,勿强迫。运用积极聆听进行双向对话。一个好的咨询师说的较少,听的较多,如果你的孩子感觉你在听她讲,也明白她所说的。自然她也会更加敞开去聆听了解你。 2. 事先做好准备。了解你们将讨论的主题,使用恐吓的方式或夸张的话语,孩子或青少年立马会避开这个话题,不会去听你讲了(炒了你这个咨询师)。有些行为很难找到相应的事实、价值观对应,这时候你的真实情况就是危机层次一中问题的答案——调整自己。

（续表）

危机层次	选择	具 体 方 式
4	咨询顾问	3. 将选择的责任留给孩子；尽力去做,但切勿唠叨或训诫。这可能极难做到。但是记得使用权利威胁将加大风险,耐心去调整改变价值观需要时间。咨询意见并不见得都能产生立即显著的效果,通常你的"良好教育"可能在几年之后才会出现成果。要知道,有些孩子长大之后。他们大部分或许多价值观及行为跟他们的父母一模一样,他们用父母养育他们的方式来养育自己的孩子。
3	面质与积极聆听	通常一项简单、及时的面质（以我讯息的方式）,可以影响孩子的价值观,特别是孩子的价值观刚开始产生,或相当的表面化时,更是如此。而如果父母能描述出某件事对孩子的具体影响的话,父母的开放自我可能会特别有效。（如:如果你不改掉吃糖的习惯,我很担心你会需要补很多牙。）面质过后,应立即转为积极聆听。这种接纳和关怀的态度能够帮助孩子更加了解他们自己的行为,因而更有助于行为改变。在许多情况下,它真实反应了这是一种和需要有关的行为而不是一个价值观的问题,这就为问题解决之第三法开启了一扇门。同样的,你将要听到的也会使你更容易接受孩子的行为。
2	榜样	孩子通过看他们的父母,以此为榜样,来分辨什么是对的、成功的以及令人满意的。如果父母能够示范并以他们的价值观来生活,尽量避免伪善,那么树立榜样的过程就自动产生。榜样对大龄孩子是一项影响力非常强而有力的技巧。如果十几岁大的孩子喜欢你跟他们说话的方式,他们自然就会聆听你的话。当然,父母开始树立榜样的时机是在最开始的时候,但如果期待新的榜样会突然改变青少年的长年习惯及嗜好,是不切实际的。

（续表）

危机层次	选择	具 体 方 式
1	调整自己	许多父母在检查了他们的价值观后,如果和孩子产生价值观的冲突时,决定不让问题扩大。父母并没有对双方存在的差异大肆渲染,他们不去改变孩子,而反过来改变自己,(降低了他们的接纳线),或者修正他们自己的价值观,有时候甚至接纳了孩子的价值观。 关于是否调整自己,你需要问你自己三个重要的问题。 ① 我的价值观是什么? 去看你的行为,确定信念,那就是你真正的价值观。 ② 它来自哪? 是来自于我的父母亲,宗教信仰,朋友? 还是没怎么想就随意在什么地方学来的? ③ 为什么我要保持它? 基于这种价值观行为来帮助到、丰富我的人生吗? 我是看到什么或经验到了什么,让我把它当作非常重要的价值观,并想要持有它? 这些问题的答案可以你修正你自己的行为,进而改变价值观。 当父母和孩子产生了价值观冲突,而父母决定改变某一方之前,应先问问自己:"要我的孩子像我,或者我像我的孩子,真的是那么重要吗? 或者,虽然我们是完全不同的独立个体,但仍可以彼此喜欢,并且互相尊重。"

5 分钟亲子范例

（1）转换否定的"但是"

父母与孩子沟通,试图理解孩子不同的价值观,产生共情的表达后面,有时候都跟着一个"但是"。"但是"通常意味着削弱、反悔、否定之前说的话。然后暗地里想带领孩子去往自己的价值观。下面是父母的原话,以及我们建议删除"但是"

以后的表达。

① 不用"但是"否定孩子的感受，而是给予完全肯定。

爸爸：你喜欢和朱莉交朋友我很理解，所以你想去参加她的生日 party。但是你马上要考试了，你的成绩需要你为之付出努力，也就错过一次聚会，以后还有很多机会的。

孩子的想法：爸爸根本不理解我。

修正："错过朱莉叶的聚会，你一定很难过。你很期待给她庆祝生日，今天最不想做的事情就是在家里。"

如果爸爸想再多说一些，他可以表达一下女儿的愿望：你是不是希望有人能陪你去或者送去你的祝福。

② 去掉"但是，"改为"问题是……"

妈妈：我知道你讨厌让隔壁阿姨照看你，但是我真的需要去公司处理一些事情，你要理解妈妈哟！

孩子的想法：你总找理由丢下我不管。

修正：我知道你喜欢我来照看你，问题是真的需要去公司处理一些事情。

"但是"就好比对孩子关上了门，而"问题是"则像是邀请孩子一起想办法。你也有可能没找到让孩子满意的办法，但你意识到这是个问题，孩子就能相对容易地去面对。

③ 去掉"但是"，改用"尽管你知道"

妈妈：宝贝，头发没剪好让你很沮丧，但是，头发长得很快，再过几个星期就会长长了。

孩子的想法：这还用你说，以为我什么都不知道啊？

修正：剪头发让你很沮丧，尽管你知道头发总会长长的，还是希望理发师能听你的,只剪掉两英寸。

用"尽管你知道"来开始你的表达,可以让女儿相信你的智慧,既不否定她的感觉,也表明了你的看法。

（2）温柔而坚定的坚持

我们向孩子提出一个小的请求时,说"请",也是给孩子树立一个符合社会礼仪的榜样。但是,有的时候,"请"会导致不够严格。当我们真的生气的时候,温柔地说"请",会带来麻烦。思考下面的对话:

妈妈:（试图温和地）请不要在沙发上跳来跳去。

孩子:（还在跳）妈妈:（提高嗓门）请不要这样跳！孩子:（继续跳）妈妈:（突然使劲打孩子）我说过"请"不要跳了,是不是?

当你在付出耐心却又被忽视的时候,怒气就会随之而来。你会想:我已经够有耐心的了,这孩子竟然不服从？我要给你好瞧的！哼！

如果你想马上做一件事情,最好语气坚定,不要恳求。

妈妈:（大声坚定地）沙发不是用来在上面跳的！（如果孩子继续坚持,就马上把他抱走,严厉地对他重复"沙发不是用来在上面跳的！"）

（3）有时候我让孩子做事情,他们会给我回应,有时候他们又置之不理。我们问一组在校学生,为什么他们不听父母的话。他们说:

从学校回到家,我已经很累了。如果妈妈让我做事情,我就假装没听见。

有的时候,我正在玩,或者正看电视,我真的没听见。

学校发生的事情让我很生气,回家我就不想做事情。

因此,作为父母,你可以问一下自己:

① 我的要求是不是适合孩子的年龄和能力?(要求一个8岁孩子有很好的饭桌礼仪)

② 他认为我的要求合理吗?(为什么妈妈非要我洗耳朵后面没有人看。)

③ 能否让他选择什么时候去做,而不总是"马上"?(你想先洗澡,后看电视,还是看完再洗?)

④ 是不是我和孩子在一起的时候,只知道让他干这干那的?是不是也应该单纯地享受一下和他在一起的时光?

(4)用幽默的方法

如果能通过幽默而让孩子接纳你的话就会更有说服力。没有什么比小幽默更能刺激孩子去做事情。它能让孩子在家里振作精神。遗憾的是,很多父母天生的幽默感,在和孩子的日常争吵中已经退化了。

一位父亲说,他喜欢把游戏的热情融入到家庭琐事上,他常用另外的方式或口音说话。儿子最喜欢听他的机器人声音:这一是一RC3C。有一人一倒一垃一圾,不一倒一的一就一被一驱一逐一到一太一空一外一面。请一配一合。

5 分钟亲子对话

对于一些复杂地涉及孩子的信仰、价值观、风格、偏好以及生活哲学的行为上,父母与孩子会不可避免地发生冲突。我们先举发型的例子。对于当今的很多孩子来说,发型有着象征性的意义。父母没有必要了解关于发型的象征意义的所有内容。重要的是要认识到,特定的发型对于孩子有多么重要。如果你试图对儿子施加影响,让他剪一个你希望他剪的发型,他有可能这样回答你:"这是我的头发。""我就喜欢这样。""别管我的事。""我有权留我喜欢的发型。""这又没碍你的事。""我不管你应该剪什么发型,你也别管我。"

这些信息如果被正确地解码,向父母传达了这样的意思:"我觉得我有权利保留我的价值观,只要我认为它没有以任何切实具体的方式影响到你。"他留什么样的发型根本不会对满足我自己的需求造成任何切实具体的影响:它不会使我被解雇,不会减少我的收入,不会影响我和朋友保持交情或结交新朋友,不会妨碍我从事我的职业,也肯定不会阻碍我剪自己希望的发型。

用积极聆听探寻孩子的需求,用我语言清晰表达你自己的需求,用第三法促进相互的理解,制定出具有新颖力的,创造力的解决方法。价值观是可以被影响的。

尝试:

爸爸:儿子,你建了个新发型。你看起来和以往不太一样。

儿子:我喜欢我现在的样子。

爸爸:你说你非常喜欢。

儿子:是的,我周围的同学,时尚的男孩都拥有这样的发型。

父亲:你是说,你的发型很时尚,所以你喜欢。

儿子：是的。

父亲：这样一看确实是，尽管像我一样年纪的人，比如你们老师等可能会不太接受，我也不太适应。

儿子：是的，老师们太土了，他们不喜欢我们的发型。

爸爸：有什么办法，既能够保持时尚，又能够让老师们不讨厌你或者引起他们特别的反感？

儿子：爸爸你有好的建议吗？

爸爸：我觉得可能在学校里改变一下刘海会好一些，你还有什么好建议？

儿子：嗯，我把中间凸起的部分涂一点水或者发胶，让它看上去不那么显眼。那在平时不上学我可以保留吗？

爸爸：我觉得自己需要一个适应的过程，所以，我可以试试。

儿子：好的。

练习：边听摇滚音乐边做作业的孩子。

尝试：_____

_____

_____

_____

5 分钟亲子互动

（1）在本周哪些不该说的话，我没说

有时，我们不说那些不该说的话，也是一种进步。

场景：_____

我没说：_____

孩子的反应：_____

（2）这周我用到了哪一个新技巧

场景：_____

技巧运用：_____

我的反应：_____

孩子的反应：_____

（3）根据下面的话，听听你和孩子的反应

① 你今年7岁，每天都听见父母这样对你说：

多吃豆角，蔬菜对你的身体有好处。

累了，躺下歇会儿。

别和那个男孩一起玩。他说脏话。

你真的不想上厕所吗？

我的反应：_____

孩子的反应：_____

② 你今年9岁，每天都听见父母这样对你说：

试那件夹克，绿的不适合你。

我已经把你的衣服收拾好了。

作业需要我帮忙吗？

我的反应：_____

孩子的反应：_____

③ 你今年 12 岁,父母对你说:

我去学校接你哦。

我要和你老师聊一聊,多关心你。

你要注意和朋友的交往,选择成绩好些的。

我的反应: _____

孩子的反应: _____

当一个人处在依赖别人时候,除了有点感谢以外是没有能力、没有价值感、怨恨、挫败和生气。这个无奈的事实让我们做父母的进退两难。一方面,我们的孩子的确需要我们,因为他们年轻没有经验,太多的事情需要我们告诉他们怎么做,另一方面,他们的依赖又导致对我们的敌意。

5 分钟睡前练习

(1) 心事飞飞飞

先在一张大的图画纸上画一下能看到人的大脑的侧脸。准备几个事先撕好的纸条,每个纸条上都写上一个心事。在大脑图画上面粘上有心事纸条就成了"头脑复杂"的状态。

跟孩子看一下每个纸条里写的心事,谈一谈怎样才能解决这些事。如果知道正确的对策或解决方法就把那个纸条撕下来。刚开始看到很多的心事被一个个撕掉时,从视觉上能够知道我们的头脑变得轻松了。

像这样心事很多不知道该从哪里解决的时候,从容易的小事开始。然后仔细想一想,把大问题分解成小问题,那么也会找到之前看不到的解决方法。

（2）实现目标

你可以通过一个简单的例子，来帮助孩子思考实现目标的步骤。你可以说："如果你想种花。你必须做的第一件事是什么？"孩子说，"她必须种下种子"。妈妈问："在种下种子之前她必须要做什么？第一步是什么？"孩子回答"她：必须先买种子。""好，"妈妈说，"首先，她要买种子，然后种上种子。然后呢？第三步是做什么？"要让你的孩子提出一个目标，并且让她说出第一步、第二步，等等。你还可以用这个练习让孩子往前追溯，孩子在买种子之前必须要做什么，以及她从哪里得到买种子的钱。这个练习能帮助孩子预见到实现目标要包括几个步骤。

第二节　实用的家庭会议

5 分钟心灵故事

你所爱的人像一面镜子，他们迫使你看清自己一切没有爱心的地方，然后他们拉着你，让你学会多爱一点。当我回想自己的生命时，我发现许多神奇的例子：

我大学时的同学非常体贴，可是并不聪明。要跟她谈论一些话题，而不惹她生气，只有把话说得非常清楚。我痛苦地让每一句话有条不紊,小心翼翼地解释每一种感受。她那慢吞吞的心智迫使我学会了清晰、精确、耐心地与人沟通。

我曾经有过一个朋友,他不肯追求个人成长,认为我做的一切都是蠢事。无论我怎么努力,他总是坚持己见。我总是必须防卫自己,他那封闭的心迫使我变得口齿清晰,他加深了我对内心活动的心志。最后我选择了成长,尽管它表示我得牺牲这份感情。

我有个朋友,她总是为了微不足道的小事生我的气,让我必须不断"争取"她的认可。她的心情不稳定,有一长串的规矩,所有人必须遵守它们,这样才能取悦她。当然,我老是做错事,因而觉得受伤、抱歉、被她拒绝。她这种有条件的爱让我看到,我的个性中有一个部分,非常渴望别人的赞许,无论对方怎么对我都一样。她让我明白,我愿意为了有人爱我,做到什么程度。最后,也是她让我知道结束这份友情,让我多么开心,我终于了解,我不需要每一个人都喜欢我。

我曾有一个同事。她不停地说谎,掩饰她的过失,使我对她失望,我内心有个声音不断警告我说,情况有点不妙,但我总是不肯听。我选择去相信她那紧张而防卫性的解释,不相信自己的直觉。最后,她导致了严重的工作事故。她的问题让我明白,我是多么不愿意注意这份事业的细节,我是多么容易让自己忽略内心的真理。当我被迫调整我的观念时,它让我得到极大的收获,使我重新开始。

这些人教导我的功课是多么深刻,它们改变了我的生命。

每一个人都让我看到,我自己的一个重要部分,这个部分是我必须看到的。

5分钟"效能训练"

(1) 家庭会议五步骤

当家庭的成员不能解决他们之间的问题时,这些问题会重复地出现导致家庭成员之间的关系恶化,通过召开"家庭会议",共同处理和解决家庭问题。

① 确定问题。把问题定位

用20个以内的字把问题写出来,选用正面词语,并且注意:

不要埋怨任何人,或者诿过他人;分析清楚家里人是如何共同造成问题的,比如应该做而没有做,不应该做而做了等;确切描述问题是什么,对问题建立共识。

② 找出不同的处理方案

大家一起思考和说出各自的处理方案,不同的方案越多越好;不要批判家中其他成员所提出的方案;在想出多个方案之前,不要讨论任何一个方案的可行性。

③ 找出众人可以做到的最好方案

众人一同讨论每一个方案实施时会出现的情况;关注每一个成员对每个方案的感觉如何;决定哪一个方案最有可能成功,并且是所有成员都觉得可以接受的;坚持讨论,直到完成为止。

④ 执行计划

分配工作,尽量使每个人都参与进来;众人合力支持方案的实行。各人说出如何支持;不得批评或者说浇冷水的话,如"我早就说……"等,而要用诚恳的态度讨论,给别人空间。

⑤ 方案执行后检讨有关方案

定期评核结果。说好下一次的评核时间和约会地点;了解家庭中每个人对问题解决的满意程度;若问题尚未解决,从头再做上述五个步骤。

(2) 家庭会议的功能

① 沟通意见

虽然同是一家人,但每个人对事物仍会有不同的看法和意见,例如:学习活动;选择特别节日的庆祝方式;确定郊游的地点等。若能定期召开家庭会议,使家中每位成员都能畅所欲言地表达自己的意见,并针对每个人的意见进行讨论与沟通,如此所达成的决定较能被全家人接受,同时也能有个欣然愉悦的家庭活动氛围。

② 培养计划与决策的能力

会议中通过对话、讨论,以及对家人意见的分析,总结出符合大家理想的决定,这些过程正好可以让孩子学习到如何分析各种意见的利弊得失,进而做出计划与决定,并付诸行动,执行所订的计划。这样的过程,无形中也教导孩子对自己的决定负责,培养他们的责任感。此外,当孩子发现自己有能力而且可以自己做决定时,他的自信心会因此而提升。

③ 解决冲突

在会议中通过对意见的沟通,使彼此更能互相体谅,学习以同理心去感受别人,藉此透视问题的症结,解决问题,以此避免了日常生活中的不必要的冲突和危机。如此,也可让孩子学习到生闷气、责难别人、坚持己见是不能解决问题的,只有开诚布公地把话说开来,让别人了解你的感觉,才能避免误会与冲突。

④ 分担家事

每个家庭都有许多烦琐的家事,以往,这些家事似乎理所应当归妈妈操心。然而,现在多数是双薪家庭,家事如果仍然落在妈妈一个人身上,对白天已经非常疲惫的妈妈而言,是不合理也不公平的。纵使妈妈心甘情愿地包办全部家事,那也不是一件好事。因为如此一来孩子连学习做家务的机会都没有了。这不仅妨碍了孩子独立性的发展,也剥夺了孩子对家庭的贡献和参与完成家事的成就感。父母孩子可借家庭会议来讨论,并认领(主动领的效果会比强制分配来得好)各人在时间与能力上能负担的工作,让每个人对家庭都有一份参与感,增加家人对家的责任感与归属感。

⑤ 学习社会互动的经验

家庭是社会互动的雏形,也是人格、行为养成的地方。孩子可借着家庭生活经验,学习照顾和关怀别人;从分担家事中,培养独立自主、互助合作的品质;从良性互动中,发展社会兴趣,施与受的能力。此外,孩子还可于家庭会议中感受到别人对他的尊重,而且也因为自己的意见能被接纳,进而懂得接纳和尊重别人的意见。

5 分钟亲子范例

（1）有效的家庭会议沟通技巧

① 利用积极聆听倾听使成员觉得自己的意见被接纳。

"宝贝,我了解你急切地希望大家采用你的意见,所以你是否需要再做些补充说明?"

② 利用"我讯息"表达自己的感受,使家庭会议在真诚沟通的气氛下进行,更拉近彼此的距离。

"我觉得很不舒服,因为大家好像比较重视哥哥的意见,而忽视我的看法。能不能请你们再听听我的想法?"

③ 掌握主题而不横生枝节,再适时地以友善的态度将偏离主题的成员拉回主题来。

"我觉得宝贝提出的想法相当好,但似乎不是我们今天所要讨论的主题,能不能把这个问题留到下次会议时,再请宝贝提出来讨论。好,再回到我们刚才的议题方案,我们的主题是……"

④ 问题有待解决时,运用头脑风暴法激发各位成员说出自己的见解,集思广益地想出各种解决方案,并讨论出大家都赞同的处理意见。

⑤ 当大家有分歧时,可以采用投票表决的力法,少数服

从多数虽然可以解决问题,但可能导致少教人不愿意执行决议,所以可以延迟执行决议的方式。

"看起来我们好像今天无法获得大家都同意的解决方式,不然,让我们再冷静地想一想有没有其他更好的办法,等待下一次会议时再提出来讨论。"

不管事情大小,只要事情影响到其他家人,或有关整个家庭生活各种事项,例如,分配家事、安排休闲生活、决定零用钱额度等,都需要过家庭会议讨论,以便取得孩子的合作,培养他们同舟共济的精神,应避免使家庭会议成为制定规则来控制家庭成的新工具。而且,在会议结束后,父母也不要像"监工"似地盯着孩子的一举一动,等着纠正他们对方违反决议的地方。这只会让孩子对家庭会议产生反感。遇到问题时,父母首先要冷静自己,回顾一下我们在前几章所学习的内容,并将其运用在家庭会议中。

(2) 四步平息家庭成员的愤怒情绪

有时候家庭里都有可能出现一些严重冲突的场面,成员往往有很大的愤怒,以致无法继续进行家庭会议。处理这类情况,需要首先暂停,先处理情绪再处理事情。处理情绪包括以下四个步骤:

① 觉察情绪出现的信号

身体信号:呼吸急促;心跳加速;出汗;面部肤色变红;肌肉拉紧;声调提高。

思想信号:"他正在激怒我!";"我恨他!";"我想打他!";

"我希望他不是同我住在一起!";"我希望家中没有他这个人!"

行为信号:大声而且急促地说话;面部表情强烈;激动的身体姿势或动作;用一些激烈否定甚至伤害别人的字眼;打断对方说话;大力挥动的手势。

② 短暂分开各自冷静

察觉到信号后,最有效的方法是双方分开,并且冷静10分钟至15分钟,深吸一口气,用克制的语气说:"我在这个情绪状态中,沟通的效果只会坏不会好。我很想先停下来10分钟再继续谈,可以吗?"在冷静时间中双方不接触不交谈,在这段时间里各人运用能使自己平静下来的方法,例如:

做深而长的呼吸10次以上;拉紧然后放松全身的肌肉数次;出外散步10分钟;对自己说。"我会保持冷静",然后回想过去自己处事时曾经表现很冷静时的情景,或者回忆一段轻松开心的时光;想一下这件事解决后对大家的好处等。

冷静时间过后,若双方都能够平静地坐下来谈谈,可以经双方同意继续召开"家庭会议"去处理事情。

(3) 事前演练更有效

这些技巧,若能预先在家庭会议中讨论和练习,将更加有效。可以在平时成员心情放松愉快时以示范或扮演角色等方式实习一下。

（4）遇有错时要致歉

每一个人都有过分或者做错事的时候。每当父母察觉自己曾经过分或做错时，先向对方道歉，然后坐下来分析所发生的事，这对孩子来说会是宝贵的学习经验。

5 分钟亲子对话

（1）培养孩子的能力

没有人天生具有良好判断力和明智决策的能力，这些品质需要通过经验和思考才能培养起来。我们要在家庭会议中有意培养孩子的能力。

① 熟能生巧

在孩子学会说话前便让他练习选择，这样他会更容易进行决策。

举例：关于学习时间安排的议题

尝试：你觉得是需要爸爸妈妈到时间提醒还是你自己设定，如果是你自己设定，你有没有比较好的方法？

练习：关于手机控制时间的议题

尝试：_____

② 理解他的决策权利，以及作为父母在哪些方面应该实施控制。

举例：关于穿衣的议题

尝试：是的，我想你可以穿你喜欢的衣服，这一周你一直都在穿它。不过,在去参加补课前,你要换下来,因为在那里,我们要穿正式服装,以示尊重。

练习:关于发型的议题

尝试:＿＿＿＿＿＿＿＿＿＿＿＿＿＿＿＿＿＿＿＿

③ 帮助孩子思考他的选择是否可能存在反复。

举例:关于课外活动的议题

尝试:如果你再增加一项课后活动,是不是压力太大。

练习:关于课余参加体育活动的议题

尝试:＿＿＿＿＿＿＿＿＿＿＿＿＿＿＿＿＿＿＿＿

④ 决策示范。

举例:关于家务分配的议题

尝试:我希望我们家能够进行家务分配。所有孩子都应该得到的成长体验教育。

练习:关于假期旅游问题的议题

尝试:＿＿＿＿＿＿＿＿＿＿＿＿＿＿＿＿＿＿＿＿

⑤ 允许孩子制定错误决策。

举例:关于对零花钱分配的使用议题

尝试:我们知道这次是经验不足,导致零花钱使用入不敷出,那你想一想如果采取不同的计划安排,结果会有什么不同?

练习:关于旅行购物的使用议题

尝试:＿＿＿＿＿＿＿＿＿＿＿＿＿＿＿＿＿＿＿＿

(2) 综合练习

举例:在上周的家庭会议上,决定这个假日全家一起去看

排球比赛。可是星期六晚上,孩子却希望妈妈能让她和同学去逛街:

尝试:

孩子:妈!我和同学约好明天要去逛街,可以吗?

妈妈:宝贝,我们上次开会时,不是决定全家一起去看排球吗?而且门票已经都买好了。

孩子:我知道啊!可是同学一直邀我,我不好意思拒绝,所以就答应了。而且,我比较想去逛街,去逛街,因为我也正好要买一本书。

妈妈:我了解你很想和同学一起去玩,是不是?

孩子:嗯!

妈妈:可是你舍弃原先和家人的约定,让我感到这种做法对我们很不公平,因为我们都期待这一天的到来,全家人可以度过快乐的假日,如今你却爽约了。

妈妈:好,你看自己怎样做才好呢?

当每个人都专注于解决问题而非责备别人时,家庭会议的效果才会最好。家庭会议不应让任何人受窘,而且每个人都应当得到倾听并被认真对待。不必解决任何事情的交谈,是促进家人合作及家庭和谐的一个极好的方式。

练习:在上周的家庭会议上,大家讨论好了每周六抽半天轮流去看爷爷奶奶或者外公外婆。可是周五的晚上,孩子却提出想去动物园玩,不想去长辈家。

尝试:_____

5分钟亲子互动

（1）父母自我评估

父母家庭中的价值及行为	自我判断
能控制自己的情绪，不冲动，行事理智从容。	
身体健康，精神愉快。	
孩子学习好，名列前茅，获得亲友的夸赞。	
另一半很体贴，给我最大的支持。	
另一半能与我配合良好，来管教孩子。	
给孩子更多的关心、更多的爱。	
远离烦人的厨房、家事以及孩子的吵闹。	
我是孩子心目中最重要的人。	
有力量改变（或改善）与孩子间的疏远距离。	
孩子是我心目中及生活上最重要的人。	
孩子非常独立自主，不用我多操心。	
家庭生活非常幸福美满，亲子和谐快乐。	
随时有人帮助我，告诉我如何有效地教养孩子。	
做个事业非常成功，极受赏识的职业妇女。	

（2）家庭方位图

拿一张白纸，画张家庭平面图。图中包括家中的各个房间和角落并填写名称。然后，画出每个房间里的家庭成员，以及彼此间常说的话。成员之间的距离远近表明彼此的关系亲近程度，高低位置则代表家中的地位或权威的高低。

问　　题	图中位置
家里最热闹的地方？	
家里最冷清的地方？	
家中最常听到的话有哪些？	
一想到家，你就会有哪些联想？	
你期待家有哪些功能？	

（3）家庭会议自查

问　　题		自我判断
我是否违背了会议中决定的事情？		
我是否违反家庭会议的原则及程序？		
我是否掌控整个家庭会议的进程？		
是否有"问题话语状态"	意思不清晰不明确	
	相互指责	
	喋喋不休	
	无心聆听	
	打断别人说话	
	否定别人	
	高声吵叫	
	离题	
	答非所问	
	晦气恶声	
	人身攻击	
	不断抱怨	

5 分钟亲子活动

（1）家庭"开心"牌

一家人在一起，找一个时间，拿出一副牌，分成按照人数的堆，然后分别出牌，最大的要回答一个议题，议题可以事先准备好，比如：今天最开心的事／今天的收获……，然后其他人可以提问，比如：为什么，是什么，和谁，什么感受等。等这个人回答完了，请牌第二大的回答。直到每个人都回答了。如果不能回答问题或者不能很好支持别人，要为家人做一件事。

（2）活动清单

现代媒体设备的功能越来越吸引孩子们甚至成人，手机、IPAD 等，容易成瘾，脱离现实生活中的乐趣和家人在一起的温馨时刻。一家人需要一起开一个小小的"家庭会议"，讨论在玩此类电子产品以外可以参加的活动或者家人共同活动的内容项目，并列一个活动清单，在生活中父母带头进行活动，亲子相互遵守互相督促。

第三节　父母的改变

5 分钟心灵故事

1958 年和 1962 年，巴西蝉联世界杯足球赛冠军，加查林是当时巴西球队主力队员之一。谁能想到,这位世界足球冠军小时候却是一位患小儿麻痹症卧床不起的病人? 是他的父亲鼓励他锻炼身体,努力行走,结果培养出了一位世界足球健将。

诺贝尔奖获得者安德森读小学时,显得笨拙呆板,被人看不起。他曾经为想一个问题而站在马路中间使交通堵塞。很多人都说:"这孩子脑袋肯定有问题!""这是个白痴!"安德森的父母也很着急,不知道自己的孩子怎么会这样。但经过仔细分析,安德森的父母从孩子"呆头呆脑"的表象后面看到了孩子的优异之处:一个孩子能这样专注地思考问题,实在是少见,这是多么可贵的品质! 当别人再嘲笑自己的孩子时,安德森的父母便充满自信地为安德森辩护。父母的理解和鼓励,为安德森带来了巨大的力量和有力的鞭策,他专注的能力得到了不断地发展。这种能力使他在上大学期间成绩骄人,27 岁就发现了正电子——被人们称为是 20 世纪最伟大的发现,31 岁就获得了诺贝尔奖。

环保专家说,世界上没有废物,只不过是暂时没有找到它们的用途罢了。每个孩子都是生就的天才,是未经加工的钻石。我们绝不能因为表面上没有天才的光环而失望,因为天才要靠肯定来磨制,多肯定孩子,使他们有信心、有勇气,尽最大努力发挥他所有的能量。

5 分钟"效能训练"

(1) 良好的支持系统

父母和孩子相处的态度需要改变,一种全新的能量将在亲子之间运作。孩子与成人是一样的,特别须需要来自父母的支持。父母除了要提供给孩子体验的机会、充裕的时间之外,亲切温暖地支持与鼓励是不可或缺的动力。由于父母可能过分重视表面,以成人的标准来评断孩子的学习成效,而忽略孩子在过程中努力所付出的心血,这无异会抹杀掉孩子愿意学习或再尝试的动机。因此,亲子之间,特别是青春期的孩子,父母应当提供良好的支持系统。

① 友善尊重的话气

教导孩子应发自内心尊重孩子,与他们说话尽量心平气和,如此才能与孩子建立良好的感情,真正地影响孩子。

② 坚定温和的态度

坚定是处理事情、教养孩子的原则,而温和则是对孩子的关爱与尊重。大多数父母不是过于固执,就是过分仁慈。因此,在教养过程中,孩子可能不断地重蹈覆辙,或是故意试探父母的决心;此时父母宜以坚定的立场,温和的表达来执行规范或要求。

③ 以肯定代替责骂

父母要多引导孩子看到自己的努力成果,也就是给予肯定,避免使用责骂或轻视孩子的态度来评价孩子的成败,如此可激发孩子不断求进步的欲望,亦能建立孩子的自信心,培养孩子对自己能力的肯定与负责任的态度。

④ 适时的情感支持

面对孩子因挫折而引发的负向情绪反应,即使他的表现并未能达到父母的期望,父母也要给予情感的支持,此时,父母的理解与支持可以促使孩子再接再厉地努力向上。

⑤ 勇气与耐心

父母要有勇气接受新知识和新方法来教养孩子,当使用新方法做新的尝试无效时,切勿灰心、沮丧。多给自己打气,在检讨和反省后,以新信心、新态度再次出发,直到成功的来临。而在改变的过程中,父母亦要有耐心让自己和孩子来练习及适应新的改变。毕竟,自我改变和帮助他人改变都需要勇气和耐心。

(2) 父母改变的新信条

我很重视你我的关系,想维持它。同时,我们都是独立的个人,有独特的需求,也有权满足这些需求。当你无法满足自身的需求时,我会尝试以真挚的心接纳、聆听,以便协助你找到自己的解决方法,而不是让你倚赖我。我还会试图尊重你的权利,让你选择自己的信念,发展自己的价值观,即使你的信念与价值观异于我的也不在意。

不过,当你的举止妨碍我满足自身需求时,我会坦诚地说出你的行为如何影响到我,我也相信你会非常尊重我的需求与感受,而改掉不为我所接受的行为。此外,当我的举止不为你所接受时,我希望你能坦诚告之,我好试着改变我的行为。

当我们发现,我们都不能改变以满足对方的需求时,让我们承认我们有了争端,并致力解决每一个争端。我们不诉诸权力与权威,不以别人的输为代价,而赢得胜利。我尊重你的需求,可是你也必须尊重我的需求。所以,让我们永远致力寻找我们都能接受的解决方法。你的需求能获得满足，我的也行，没有人会输，我们都会赢。

就这样，你能经由浦足自身需求继续发展成人，我也能够这样。因此我们的关系会很健全，我们都能在其中致力成为我们有能力变成的人。我们能以互敬互爱与祥和之心继续交往。

5 分钟亲子范例

（1）父母由于一些错误观念的挑战，对于改变之后的成效不明显会有一些自我挫败的想法，因此应审视自己是否有以下的错误观念。

① 我们必须得到生活在周围人每一个的喜爱和赞同。

② 父母必须在所有教育孩子的方法上有相当的能力，进而证明父母的价值。

③ 当孩子的行为不如预期，那是十分糟糕的事情。

④ 孩子不听话对父母而言是一种挑战。

⑤ 孩子问题的解决，父母只能是被动地处理孩子的问题，能做的努力很少。

⑥ 孩子的过去决定了他的现在，所以父母对他们的行为无能为力。

⑦ 父母对孩子的不当行为要负全责，因为自己如果早加以管教，孩子就不会再犯错误。

（2）父母的改变，旧有的模式可能让你非常不习惯，不过也要肯定自己,保持觉察,慢慢调整。

① 寻找机会让孩子看到全新的自己

宝贝,你虽然想留在家里和朋友玩,不过还是同意和我们一起去奶奶家。你很体贴别人。

② 制造机会,让孩子另眼看待自己

"家里每个人都想去不同的餐馆。宝贝,你可以试试想个办法,打破这个僵局。"

③ 让孩子无意中听到你对他们的正面评价

爸爸,今天早晨孩子和我想出了一个折中的办法。他不想穿靴子,我不想让他在学校湿着脚。最后,他想出了一个办法,穿上他的旧运动鞋去学校,带上干袜子和他的新运动鞋。

④ 以身作则

我好失望!我今晚特别想去看电影。可是,爸爸提醒我,我们已经同意一起去打羽毛球……哦,我想还是把电影推后一周吧。

⑤ 记住孩子那些特别的时刻

我记得你开始时对亲子训练营反应特别强烈。但后来你慢慢了解,并和别的孩子讨论了以后,还是决定试一试。

⑥ 当孩子又按照原来的方式行事时,表达你的感觉和期望

宝贝,参加婚礼穿旧牛仔裤不礼貌。就好像是在说:"这个婚礼不重要!"尽管你不喜欢穿正装打领带,我还是希望你能穿着得体。

5 分钟亲子对话

(1) 在亲子活动中,以下言语及行为应该增加

① 肯定

例如:这看来很令人满意。

尝试:_____

② 描述

例如:你在考虑应该要哪一个。

尝试:_____

③ 接触

家长应该多与孩子有身体上的接触,孩子的睑、让孩子拉着你的手等。

尝试:(其他的行为)_____

(2) 肯定的语言

① 重复孩子说话中重要的字句

尝试:_____

② 肯定孩子的情绪

尝试:_____

③ 肯定孩子的行为动机

尝试:_____

④ 肯定孩子可以被肯定的部分

尝试:_____

5 分钟亲子互动

（1）帮助孩子从不同的角度认识自己的确不易，这也是身为父母最艰巨的任务之一。花时间问一下自己：

① 当孩子在家里、学校、朋友或亲戚家，他通常会是什么样的角色？

_____

② 这些角色有没有正面的东西在里面？（例如：调皮里有幽默的一面，爱做白日梦意味着有想像力。）

_____

③ 你希望孩子如何看待自己？（有责任感、不放弃希望，等等。）

_____

（2）思考你在孩子过去的生活中，给予了他什么。也请你静下心来答一份你与孩子关系的问卷。

① 你每天跟孩子在一起多少时间？

_____

② 孩子最爱吃的和最不爱吃的三种食物是什么？

_____

③ 孩子最爱听和最不爱听你说的三句话是什么？

_____

④ 孩子最爱看的三本书是什么？

_____

⑤ 孩子最爱玩的三个游戏是什么？

_____

⑥ 孩子成长中最难忘的三件事是什么？

_____

⑦ 孩子的三个人生榜样是谁？

_____

⑧ 孩子的人生梦想是什么？

_____

⑨ 孩子最擅长的三个能力是什么？

_____

⑩ 孩子最感兴趣的三种职业是什么？

_____

假如把你答完的这份问卷请孩子批改，他会给你多少分？

5 分钟亲子活动

（1）爱的感恩

和孩子分享四句有魔力的话："对不起！请原谅！谢谢你！我爱你！"不管遇到了什么让自己不愉快和难过的事，都可以在内心用这四句话来化解。每一句话可以重复多次，也可以把最有感觉和最触动的话多说几次。如果你愿意和孩子一起来完成，你会有非常奇妙的感觉发生，然后找个时间把感受记录下来。

（2）父母对孩子说的爱的联结话语

你可以每天在自己心里做,或者直接抱着孩子,看着他的眼睛告诉他:亲爱的孩子,你是我的孩子,我是你的爸爸/妈妈。感谢你的到来,让我体验到做父母的甜酸苦辣,也让我弥补了自己成长中的许多缺失。我对你的爱是无限的,也是无条件的,我不想控制你、限制你、忽略你,我只想让你有最好的成长。看到你现在的样子,我已经感到很骄傲,感觉一切都是值得的。我相信你会做出更多有意义的事,让我因为你而感到更骄傲,我也愿意继续学习,使我们的沟通更开心,更有效。儿子/女儿,我爱你!

参考文献

［1］Bandura，A．（1977）．Self-efficacy：Toward a unifying theory of behavioral change．Psychological Review，84，191—215．

［2］班杜拉著，缪小春；李凌；井世杰；张小林译．自我效能：控制的实施（上）〔M〕．上海：华东师大出版社，2003，160—301．

［3］段丽琼．幼儿父母自我效能感及其影响因素研究〔D〕．西南大学；2007 年．

［4］牟晓青．青少年家长父母自我效能感的特征及提升途径〔J〕：《山东省团校学报：青少年研究》2008 年（2）：46—48．

［5］Teti，D．M．，&Gelfand，D．M．（1991）．Behavioral competence among mothers of infants in the first year：The mediational role of maternal self-efficacy．Child Development，62，918—929．

［6］Bandura，A．，Babaranelli，C．，Caprara，G．V．，&Pastorelli，C．（1996）．Multifaceted impact of self-efficacy on academic functioning．Child Development，67，1206—1222．

［7］胡玉顺．做智慧型父母：帮助孩子健康成长的 130 个建议〔M〕．中国发展出版社，2004 年版．

［8］Coleman，P．K．& Karraker，K．H．（2000）．Parenting self-efficacyamong mothers of school-agechildren：Conceptualization，measurement，and correlates．FamilyRelation，49，13—24．

[9] 雷秀雅;杨振;刘愫：父母教养效能感对自闭症儿童康复的影响[C].《中国特殊教育》2010 年 04 期.

[10] 钟思嘉. 亲职教育[M]. 台北：桂冠图书股份有限公司,2004.

[11] 钟思嘉. 培养有责任感的孩子[J]. 浙江人民出版社,2004.

[12] 胡玉顺. 家庭教育父亲参与不够[J]. 中国妇女报, 2002—08—07.

[13] 杨兢. 怎样找到和孩子沟通的渠道[J]. 家庭教育(中小学家长), 2005 年 01 期.

[14] Bandura, A. , Babaranelli, C imapct of self-efficacy Caprara, G. V. , & Pastorelli, C. (1996). Mulitifaceted on academic functioning, Chile Development, 67, 1206 — 1222.

[15] Cutrona, C. E. , & Troutman, B. R. (1986). Social support, infant temperament and parenting self-efficacy：A mediational model of postpartum depression. Child Development, 57, 1507—1518.

[16] Coleman, P. K. & Karraker, K. H. (2000). Parenting self-efficacyamong mothers of school-agechildren：Conceptualization, measurement, and correlates. FamilyRelation, 49, 13—24.

[17] HooverDelnPscy, KathleenV：Bassler • Ottoc& Brissie, Janes (1992), ExPlorationsinParent — sehoorelations, JournalofEdueationalResearch, Vol85(5)287—294.

[18] Bohlin, G. , & Hagekull, B. (1987). AGood mothering@：Maternal attitudes and mother-infant interaction. wt Mental Health Journal, 8, 352—363.

[19] 于志涛, 初中生父母自我效能感评估及其与父母的教养方式的关系的研究[D]. 重庆：西南师范大学学位论文, 2005(4).

[20] Mash, E. J. & Johnston, C. (1983). Parental perceptions of child behavior problems, parenting self-esteem, and mothers′ reported stress in younger and older hyperactive and normal children. Journal of Consulting and Clinical Psychology, 31, 86—99.

[21] Teti, D. M. , & Gelfand, D. M. (1991). Behavioral compe-

tence among mothers of infants in thefirst year: The mediational role of maternal self-efficacy. Child Development, 62, 918—929.

[22] Priscilla K Coleman&Katherine Karraker (2000). Family Ralations Minneapolis:JanVol 49 Iss1 13—28.

[23] Elder, G. H. , Eccles, J. S. , Ardelt, M. , &Lord, S. (1995). Inner city parents under economicpressure: Perspectives on the strategies of parenting. Journal of Marriage and the Family, 57, 771—784.

[24] Coleman, P. K. ,&Karraker, K. H. (1997). Self-efficacy and parenting quality: Findings and future applications. Developmental Review, 18, 47—85.

[25] Conger, R. D. ,&Elder, G. H. (1994). Families in troubled times:Adapting to change in rural America. Hawthorne, NY:Aldine de Gruyter.

[26] 李中莹. 亲子关系全面技巧[M]. 中国华侨出版社 2013. 3.

[27] 林崇德. 发展心理学[M]. 杭州:浙江教育出版社,2002: 409—413, 417—522.

[28] 陈帼眉;何大慧. 家长的教育观念——一个值得重视的新概念[[J]. 家庭教育,47.

[29] 俞国良;辛自强. 社会性发展心理学著[M]. 安徽教育出版社 2004. 11:455—457.

[30] 杨丽珠;吴文菊. 幼儿社会性发展与教育[M]. 辽宁师范大学出版社 2002. 9:248.

图书在版编目(CIP)数据

高效能5分钟"父母训练"/毛燕菁著.
—上海:上海三联书店,2017.
ISBN 978-7-5426-5928-6
Ⅰ.①高… Ⅱ.①毛… Ⅲ.①家庭教育 Ⅳ.①G78
中国版本图书馆CIP数据核字(2017)第119293号

高效能5分钟"父母训练"

著　　者　毛燕菁

责任编辑　钱震华
装帧设计　汪要军

出版发行　上海三联书店
　　　　　(201199)中国上海市都市路4855号
　　　　　http://www.sjpc1932.com
　　　　　E-mail:shsanlian@yahoo.com.cn
印　　刷　上海昌鑫龙印务有限公司

版　　次　2017年6月第1版
印　　次　2017年6月第1次印刷
开　　本　640×960　1/16
字　　数　200千字
印　　张　19.75
书　　号　ISBN 978-7-5426-5928-6/G·1457
定　　价　48.00元